이 책의 저작권은 움트가 소유합니다.
신저작권법에 의해 한국 내에서 보호를 받는
저작물이므로 무단전재와 복제를 금합니다.

550개의 특허를 가진 작지만 강한 기업
KR과 함께한 김기중의 인생이야기

젊음에게 들려주고 싶은

창업은 용기다

/
Contents

젊음에게 들려주고 싶은
창업은 용기다
/ Contents /

/
7
책을 발간하며

/
10
프롤로그

/
20
가난 속에서
꿈을 키우던 시간

/
46
꿈과 열정으로
시작한 사업

/
64
무에서 유를
창조한 도전

/
88
운명적 만남과
KR의 성장

/
140
위기는 준비된
자만의 기회

/
158
시작하는 젊음에
던지고 싶은 말

/
176
에필로그

/
184
함께 한 사람들이
기억하는 그, 김기중

/
202
감사의 글

책을 발간하며

젊음에게 들려주고 싶은
창업은 용기다
/ 책을 발간하며 / 신남철

/

이 책을 만나는 모든 이에게 이야기하고 싶다.
이 책에는 열심히 살았던 한 사람이 잘 사는 방법이 무엇인지를
보여주는 진솔한 이야기가 담겨있다고…

/

2016년 여름은 긴긴 더위와의 싸움이었다. 50여일을 넘나드는 열대야의 기세는 사람을 지칠 대로 지치게 만들었다. 김기중 선배의 원고 초고는 그렇게 더운 여름날에 처음 받아 들었다.

나는 김기중 선배와 ROTC 선후배 사이로 만났다.
내가 알고 있는 그는 후배를 아끼는 사람, 모교에 장학금을 주고 흔쾌히 기부를 하는 사람, 성공한 벤처기업인, 자신의 인생 경영도 잘할 것 같은 선배였다.

그런 그가 올 봄 지나가는 말로 자서전을 쓰고 있는데 한번 봐 달라고 했다.
일견 선배의 인생이 궁금하기도 하고 또 올해 몇 권의 책을 발간할 계획도 있었기에 기꺼이 원고를 보내달라 하였다.

그리고 몇 개월이 지나 여름의 한가운데에서 그의 원고를 메일로 받아보았다.

젊음에게 들려주고 싶은
창업은 용기다
/ 책을 발간하며 / 신남철

김기중,
나는 그를 고려대학교 ROTC 선배로, 성공한 벤처기업가로만 알았다. 후배들을 사랑하고 모교에 기부와 장학금을 흔쾌하게 주시는 그런 사람으로만 알았다.
올 봄이 시작될 무렵 김기중선배는 나에게 자서전을 쓰고 있는데 잘 안 된다는 이야기를 꺼냈다. 작가와 원고를 작성했는데 뭔가 부족한 듯하여 책으로 내놓기가 불편하다며, 지나가는 이야기로 한번 봐줄 수 있느냐는 이야기를 했다.

나는 올해 책을 6권 정도 발행할 계획을 가지고 있었다. 학술목적의 3권과 수필처럼 가벼운 책 2-3권을 기획하고 있었고 그 중 한두 권은 직접 써볼 요량으로 준비하고 있었다. 그래서 기꺼이 한번 볼게요 하고 원고를 보내달라고 했다. 그리고 시간이 흘렀다.

김기중선배의 자서전에 대한 생각을 잊고 지내던 어느 초여름 원고가 메일로 왔다. 편집순서를 바꾸어야 하고 부족한 원고를 채워야 한다는 선배의 말과는 다르게 원고는 비교적 깔끔하게 정리되어 있었다.

잠시 훑어보려던 원고를 더위도 잊은 채 밤새 읽었다. 선배의 삶을 엿보는 즐거움에 더해 그의 도전과 열정이 고스란히 내게로 왔다.
뜨거웠다.
12년차 기업을 운영하고 있는 내 입장에서 솔직하고 담백하게 다가오는 그의 인생이 송두리째 마음에 들었다.
그의 이야기는 '아, 내가 정말 멋진 선배와 가까이에서 함께 하고 있구나!' 하는 생각과 함께 현재의 나를 돌아보게 했다.

선배가 보여준 도전과 열정의 삶에 비하니 내가 창업을 준비한 13년과 창업하여 지내온 12년의 시간이 초라하게 느껴졌다.

젊음에게 들려주고 싶은
창업은 용기다
/ 책을 발간하며 / 신남철

나는 글을 또 읽었다.
나름 열심히 살았다고 자부해 왔는데, 그와 나의 시간의 차이는 무엇일까?
나에게도 그와 같은 안목과 열정이 있었을까?.
그리고 의문의 꼬리 뒤에 해답이 보였다.
'아, 나는 열심히 살았다.
그런데 선배는 잘 살았구나…'
누군가 그랬다. 열심히 사는 것보다 중요한 것은 잘 사는 것이라고.

이 책을 만나는 모든 이에게 이야기하고 싶다.
이 책에는 열심히 살았던 한 사람이 잘 사는 방법이 무엇인지를 보여주는 진솔한 이야기가 담겨 있다고…

함께 글을 정리하면서 김기중 선배는 이 이야기를 반복해서 강조했다.
'기업인이 이익을 못 내면 죄인이야!
직원들 앞에 죄인이고 그 가족에게 죄인이다.
사회에 죄짓는 거고 국가에 죄짓는 거야!'

김기중, 그가 들여주는 창업에 대한 이야기, 귀 기울여 들어보면 좋겠다.

2016년 8월

편집 신남철

프롤로그

젊음에게 들려주고 싶은
창업은 용기다
/ 프롤로그 /

/

"인간이 이 세상에서 죽음을 극복할 수 있는 방법은
자녀를 낳는 것과 책을 남기는 것이다."

/

이탈리아의 철학자이자 소설가인 '움베르토 에코'란 이는 이런 말을 하였습니다. "인간이 이 세상에서 죽음을 극복할 수 있는 방법은 자녀를 낳는 것과 책을 남기는 것이다."

그런 연유에서인지, 종종 주위에서 자신의 이야기를 담은 책을 출간하는 경우를 보게 됩니다. 주로 자신이 살아온 날들의 경험과 교훈을 바탕으로 지난 날을 회고하는 내용의 책들입니다.

사람이 강물과 다른 것은 지나온 길을 되돌아 볼 수 있다는 점일 것입니다. 우여곡절 많은 인생살이, 그 고단하고 먼 길을 걸어가는 동안 한번쯤 가던 걸음 멈추고 서서 자신이 지나온 길을 되돌아보는 것도 필요한 일일 것입니다. 그리고 기쁘고 뜨거웠고 슬프고 고통스러웠던 사연을 글로 정리해 뒷사람에게 남긴다면 그 또한 가치 있는 일이 될 것입니다.

하지만, 저는 평소 책을 쓴다는 건 문자에 얹힐 만큼 가치 있고 뜻 깊은 생애를 산 사람들에

젊음에게 들려주고 싶은
창업은 용기다
/ 프롤로그 /

게나 해당되는 일이라 생각해온 터였습니다. 그러므로 나 같이 평범한 사람이 책을 써서 세상에 내놓는 것은 당치 않은 일이라 생각하였습니다. 내 자신 무언가 책을 통해 삶의 흔적을 남길 만큼 대단한 인생을 살았다고 한 번도 생각해 본 적이 없었던 까닭입니다.

또한 저는 타고난 성격이 나 자신에 대해 말하기를 좋아하는 사람도 아니며, 회고 취미를 즐기는 감상적인 성격의 사람도 아닙니다. 더구나, 제가 스스로에 대해 무언가를 말한다면 필시 일생 동안 매달려온 기업 경영에 대한 얘기뿐일 텐데, 서점마다 경제 경영 관계 서적들이 넘쳐나는 요즘 세상에 그것이 무에 별난 의미나 가치가 있겠습니까?

그런 제가 책을 발간해야겠다고 마음을 고쳐먹게 된 것은 우연히 본 신문 기사 때문입니다. 제 이야기가 청년들에게 작으나마 도움이 되겠다는 생각이 들었습니다.

"청년 실업률 IMF 이후 최고치. 통계청이 발표한 고용동향에 따르면 15세~29세 청년 실업률이 전달보다 상승해 11%대를 돌파했다. 이는 외환위기 이후 15년7개월 만에 최고치이며, 그 수는 48만 명을 상회하고 있다……"

우리나라 청년 실업이 심각한 지경이란 것은 익히 알고 있던 사실이지만 이 정도이리라고는 미처 짐작하지 못하였던 터였습니다. 더구나 공식적인 통계에 잡히지 않은 취업 준비생이나 아르바이트 인력들까지 포함하면 실제 청년 실업자는 125만 명에 이를 것으로 추산된다고 하니 참으로 심각한 일이 아닐 수 없습니다. 청년 네 명 가운데 하나가 백수인 이런 현실로 인해, '오포 세대' '캥거루족' '모라토리엄족' 같은, 20대 취업난과 관련된 자학적인 신조어가 속속 생겨나고 있다고 합니다.

이처럼 높은 청년실업률은 사회 빈곤층을 양산하고, 우리 사회의 생산동력을 떨어뜨려 국가 경제에 큰 부담을 주는 등 장기적으로 심각한 사회문제로 대두될 가능성이 큽니다. 정부에서

젊음에게 들려주고 싶은
창업은 용기다
/ 프롤로그 /

도 이런 문제점을 인식하고, 다양한 직업교육 훈련시스템 구축과 일자리 창출, 노동시장 개혁 등 대책마련에 나서고 있지만 별다른 효과를 내지는 못하고 있는 듯합니다.

그런데 정작 제가 주목한 것은 그로부터 이어지는 기사였습니다.
이러한 고용불안정성으로 인해 창업에 나서는 청년들이 늘어나고 있지만, 올해 20, 30대가 창업한 법인 열 곳 가운데 제조업은 두 곳에 불과하고, 나머지는 일반 서비스업이라고 합니다. 즉 창업을 하더라도 첨단기술 분야나 제조업 같은 '기술형 창업'은 극소수이고 외식업 같은 '생계형 창업'이 대부분을 차지하고 있다는 것입니다.

실제 경제협력개발기구(OECD)의 '2014년 기업가정신 보고서'에 따르면, 우리나라는 창업 유형 중 생계형 창업 비중이 63%로 나타나 조사대상 29개국 중 가장 높았으며 반대로 기술형 창업은 21%로 최하위에 머물렀다고 합니다. 우리의 청년들이 뜨거운 열정과 원대한 포부를 가지고 무한한 기회의 땅인 기술형 창업에 도전하지 못하고, 치킨집이나 커피전문점, PC방 같은 생계형 자영업에 뛰어들고 있다는 것은 우리 국가경제의 앞날을 생각할 때 참으로 우려스러운 일이 아닐 수 없습니다.

저는 30살이 되던 지난 1985년 '(주)KR'이라는 교량 도시경관 전문기업을 창업하여 2005년까지 20년간 경영하였습니다. 적수공권이라 할 만큼 열악한 조건 아래 창업한 회사는 그 동안 연 매출 500억 원을 상회하는 상장기업으로 성장하였으며, 기술의 전문성을 인정받아 다수의 기술개발상을 수상하였고, 2000년부터 2004년까지는 산업자원부, 한국표준협회로부터 5년 연속 품질경쟁력 우수기업으로 인증 받았습니다. 실용신안 특허 의장 등 550여 개의 산업재산권을 보유해 명실공히 업계 최고의 기술전문기업으로 공인 받았으며, 석탑산업훈장을 수여 받았고, 경영자인 저는 중소기업 신지식인으로 선정되었습니다.

수십만 명의 직원과 천문학적인 매출을 자랑하는 우리나라 대기업의 그것과 비교한다면 초

젊음에게 들려주고 싶은
창업은 용기다
/ 프롤로그 /

라해 보일지 모를 일이지만, 저는 제가 창업하고 성장시킨 'KR'이란 중소기업이 업계 최고의 기술전문기업으로 자리하고, 그 기술을 바탕으로 우리나라 교량과 도시의 미관과 안전에 기여한 일에 무한한 자부심을 느낍니다. 누군가가 저에게 만약 세상에 다시 태어나면 어떤 인생을 살고 싶으냐고 묻는다면 망설이지 않고 현재의 생에서 한 일, 즉 'KR'을 창업하고 경영한 일을 다시 하겠노라고 말하겠습니다.

이러한 말은 결코 저 자신을 남들 앞에 드러내 공치사하기 위함이 아닙니다. 저는 우리의 많은 젊은이들이 취업의 기회를 얻지 못해 연애와 결혼, 출산, 인간관계, 내 집 마련을 포기한 이른바 '오포세대'가 되고 있는 현실을 매우 가슴 아프게 생각하며, 창업에 나서는 젊은이들조차 실패가 두려워 외식업, 서비스업 같은 생계형 창업에 몰리고 있는 현실을 매우 안타깝게 생각하고 있습니다.

젊음에게 들려주고 싶은
창업은 용기다
/ 프롤로그 /

중소기업은 국가 경제의 혈맥과 같은 것입니다. 혈관이 튼튼해야 신체가 건강한 것처럼 중소기업이 튼튼해야 나라 경제가 건강합니다. 이는 경제 선진국이자 기술 선진국인 일본과 독일이 잘 보여주고 있는 사실입니다.

우리나라도 마찬가지입니다. 우리 국가 경제의 중추를 담당하는 것이 삼성이나 현대 같은 대기업인 것으로 인식되고 있지만, 실상 우리나라 기업의 99%는 중소기업이며 전체 일자리의 88%를 담당하고 있는 것도 중소기업입니다. 현재 우리나라의 고용, 생산, 수출 등 모든 측면에서 산업의 중심축 역할을 하고 있는 것은 중소기업인 것입니다.

그런 중소기업에서 절대적인 비중을 차지하고 있는 것이 바로 제조업입니다. 이른바 후기산업사회로 분류되는 오늘날 지식정보산업의 비중이 점차 높아지고 있는 것은 사실이지만, 그럼에도 제조업의 가치와 중요성은 조금도 줄어들지 않고 있습니다. 아니 세계적 금융위기를 거치며 그 중요성이 오히려 더욱 커지고 있는 것이 바로 제조업입니다. 제조업이 경제의 근간이자 경제성장의 핵심 동력이며 국가경쟁력의 원천이란 사실을 부인할 사람은 아무도 없을 것입니다.

저는 우리의 젊은이들이 큰 꿈과 매서운 열정을 가지고 제조업 창업에 도전해 보기를 간절히 바라고 있습니다. 제조업은 성장 가능성이 클 뿐 아니라 청년들이 자신의 재능과 뜻을 펼칠 수 있는 드넓은 장입니다. 그들이 젊은이다운 야망과 열정, 모험정신으로 도전할 때 반드시 놀라운 성공과 긍지를 보상받게 되리라고 확신하고 있습니다. 그것은 꿈을 가지고 제조업 창업에 도전했던 많은 중소기업인들이 걸어간 길이며 또한 제가 걸어간 길이기도 합니다.

하지만 안타깝게도 제조업 창업을 꿈꾸는 젊은이들에게 실제적인 도움이 될 지식이나 정보가 그다지 많지 않은 것이 현실입니다. 중소기업 경영의 실상은 어떠한지, 제조업의 현실은 어떠한지, 성공하는 기업경영에는 무엇이 필요한지…… 서점에도 경제와 기업 경영에 관한 일

젊음에게 들려주고 싶은
창업은 용기다
/ 프롤로그 /

반론적 교양서만 넘쳐날 뿐, 중소기업 경영 현장의 육성이 담긴 책은 거의 없습니다.

제가 서툰 글 솜씨에도 불구하고 중소기업을 경영하면서 경험한 일을 글로 정리해 보겠다고 마음먹게 된 까닭이 바로 여기에 있습니다. 'KR'을 창업한 후 제가 겪은 다양한 경험과 지식들이 어쩌면 참신하고 혁신적인 아이디어를 가지고도 창업을 망설이고 있는 예비 창업자들에게 작은 도움이라도 되지 않을까, 그리하여 그들이 나의 경험을 디딤돌 삼아 성공적인 창업을 이루고 나아가 우리 국가 경제에 중요한 역할을 하는 훌륭한 기업인으로 성장한다면 그 길을 앞서간 사람으로서 보람 있는 일이 아닐까, 생각하였습니다.

이 책 [젊음에게 들려주고 싶은, 꿈과 도전과 열정이 만들어낸 창업스토리]는 그런 소박한 생각 아래 쓰인 책입니다.

흔히들 기업경영을 전쟁에 비유하기도 합니다. 그만큼 경쟁이 치열하다는 의미이겠고, 그 경쟁 양상이 전쟁을 방불케 할 만큼 살벌하다는 의미일 것입니다. 경영자 리더십의 중요성, 적자생존, 우승열패의 냉엄한 법칙 등이 전쟁과 다를 바 없다는 생각을 저 역시 자주 하곤 하였습니다.

그러므로 이 책은 그 살벌한 전장에서 수많은 전투를 치러온 한 노장의 전쟁 회고록이라고 하여도 좋을 듯싶습니다. 그 전장에서 저 또한 몇 번이나 패배를 겪었고 좌절도 경험하였지만 그러나 단 한번도 내가 도전한 싸움에서 후퇴하거나 비겁한 선택을 한 적은 없었습니다. 상황이 어려울수록 더욱 용기를 내어 앞으로 나아갔고 싸웠고 마침내 이겼습니다.

이 책에서 'KR'이라는 한 중소기업의 탄생과 성장, 좌절과 성공의 스토리를 생생하게 보게 될 것입니다. 그리고 그 스토리가 뜻밖으로 극적이고, 뜨겁고, 치열하다는 사실에 놀라게 될 것입니다.

젊음에게 들려주고 싶은
창업은 용기다
/ 프롤로그

이 책은 거창한 기업 경영 노하우나 경영 철학을 말하고 있지 않습니다. 또한 화려한 기업 성공의 '신화'를 담고 있지도 않습니다.

인생이 그러하듯 성공적인 기업 경영에도 왕도는 없습니다. 저는 다만 지난 20년 간 중소기업인으로서 한 길을 걸어오면서 겪은 일을 진솔하게 이 책에 담으려 노력하였습니다. 성공과 영광의 경험뿐 아니라, 실패와 좌절의 경험도 과장하거나 숨김없이 담으려 애썼습니다.

이 책은 가진 것이라곤 꿈과 용기밖에 없었던 한 가난한 젊은이가 제조업 창업에 도전하면서 겪은 이야기, 그리고 작지만 강한 기업을 꿈꾸었던 그가 경영한 한 중소기업의 가치 있는 성공에 관한 이야기입니다.

하지만 사업도 인간의 일이고, 책을 짓는 일도 사람의 일입니다. 막상 기억을 더듬으며 KR의 이야기를 하려고 보니 KR을 창업하였고, KR과 반생을 함께 하였고, 또 KR의 마지막을 지켜보았던 저 자신에 대한 얘기를 아니할 수 없겠습니다. 그런 까닭에 이 책의 적지 않은 부분에 저의 이야기가 있음은 양해해 주시기를 바랍니다.

자신의 이야기를 하는 데는 용기가 필요하다는 사실을 이 책을 집필하면서 비로소 알게 되었습니다. 하지만 한 인간의 뜨거운 진실이 녹아 있는 경험이라면 다른 이들에게 지혜가 될 수 있고 교훈이 될 수도 있겠다고 저는 생각하였습니다. 경험보다 값진 가르침은 없을 테니까요.

'줄탁동시(啐啄同時)'라는 말이 있습니다. 어미 닭이 품은 달걀 속의 병아리는 때가 되면 밖으로 나오기 위해 달걀 속의 한 부위를 여린 부리로 쪼기 시작합니다. 이것을 '줄(啐)'이라고 합니다. 이때 달걀을 품은 어미 닭은 밖에서 병아리가 쪼는 부위를 정확하게 마주 쪼아서 병아리가 세상에 태어나도록 돕는데 이것을 '탁(啄)'이라고 합니다. 이 신비한 생명탄생의 현상을 '줄탁동시'라 하는데, 흔히 불가에서는 사제간의 노력과 지혜가 서로 공명하여 큰 깨달음

젊음에게 들려주고 싶은
창업은 용기다
/ 프롤로그 /

에 이르는 일을 가리키는 말로 쓰입니다.

저는 이 책 [젊음에게 들려주고 싶은, 꿈과 도전과 열정이 만들어낸 창업스토리]가 제조업 창업을 꿈꾸는 이 땅의 젊은이들에게 줄탁동시의 인연이 되기를 간절히 바랍니다. 저의 이 책이 용기를 주어 그들이 두려움을 떨치고 꿈에 도전할 수 있다면, 또 창업의 길에 나선 그들에게 작은 위로가 되고 격려가 되고 성원이 될 수 있다면, 천부에 없는 글 솜씨 탓에 몇 해 동안 계절 가는 것을 잊고 고통 속에 보내며 책을 집필한 수고는 오히려 큰 기쁨이 될 것입니다.

젊음에게 들려주고 싶은
창업은 용기다
/ 프롤로그 /

/
가난 속에서
꿈을 키우던 시간

젊음에게 들려주고 싶은
창업은 용기다
/ 가난 속에서 꿈을 키우던 시간 /

/

"살면서 맞이하게 되는 수많은 선택의 순간에
동전의 어느 면을 취할 것인가는 각자의 몫이며
무엇을 선택하느냐에 따라 삶의 모습 또한 달라지게 될 것이다."

/

옛 장인들의 고장 안성

내가 태어나고 자란 안성(安城)은 경기도 최남단에 위치한 산자수명한 고장이다. 우렁찬 차령산맥이 경계를 이룬 시의 남동쪽은 충청북도의 음성군, 진천군과 맞닿았고, 남서쪽은 충청남도의 천안시와 경계를 맞대어 있어 경기도, 충청북도, 충청남도 3도의 도계를 이루는 곳에 위치해 있다.

예로부터 산수가 온화하여 자연재해가 없고, 각종 물산이 풍부하여 살기 좋은 고장, 편안한 고장으로 널리 알려져 왔는데, '위태로움이 없어 평안한 고장'이란 뜻의 '안성(安城)'은 그래서 붙여진 이름이다.

부드러운 산야를 끼고 하천이 잘 발달되었고 저수지가 많아 곳곳에 드넓은 들이 펼쳐져 있는데, 특히 남서쪽의 안성평야는 넓고 비옥해 경기도 내에서도 손꼽히는 곡창지대로 알려졌다. 그 들에서 생산된 안성미는 예로부터 기름지고 밥맛이 좋은 고급 쌀로 이름이 높아 임금님께 바쳐지던 공물로 유명했다.

젊음에게 들려주고 싶은
창업은 용기다
/ 가난 속에서 꿈을 키우던 시간 /

하지만 역사적으로 안성이 그 이름을 널리 알린 것은 아무래도 상업도시이자 수공업도시로서의 모습이다. 삼도의 경계를 이루는 곳에 자리한 까닭에 예로부터 안성은 서울에서 아래쪽 삼남(三南)으로 내려가는 길목으로 서울로 올라가는 삼남의 물산이 집결되는 교통의 요지이자 경제의 요충지였다. 그런 이유로 안성에는 장시가 크게 번성하고 수공업이 발달하게 되었는데, 특히 안성장은 대구장, 전주장과 더불어 우리나라의 3대 장으로 유명했다.

박지원의 소설 〈허생전〉을 보면 가난한 남산골 선비 허생이 변부자에게 1만 금을 빚내어 삼남에서 올라오는 과일을 싹쓸이 한 뒤 값이 크게 오르기를 기다려 되파는 수법으로 큰돈을 버는 얘기가 나오는데, 허생이 물건을 매점 매석하여 거금을 거머쥔 곳이 바로 안성장이다.

하나의 장시에서의 매점으로 나라 안의 과일이 사라질 정도였다는 데서 안성장이 전국의 물산의 흐름을 좌우할 만큼 큰 장이었으며, 물산 유통의 중심지였다는 사실을 알 수 있다.

장이 크다 보니 자연 생필품 같은 수공업제품이 많이 유통되었을 것이고, 안성을 비롯한 인근 고을에서 그런 제품들이 생산되었을 것이라 짐작하기 어렵지 않다. 안성에는 가죽꽃신과 유기제품이 많이 생산되기로 유명했는데, 특히 유기는 그 제품의 질과 모양이 전국 최고일 만큼 빼어났다.

유기제품은 일반 가정의 밥상 식기부터 혼사, 제사용구, 절의 식기, 난방 용구 등으로 그 쓰임새가 다양하던 생활용구이자 고급한 장식품이기도 했다. 구리와 주석의 합금 비율이 정확하고 수십 번의 담금질과 망치질로 만들어지는 안성의 방짜유기는 견고하기도 하거니와 그 형태의 아름다움이 뛰어나 서울의 양반들의 주문이 쇄도했다고 한다.

안성 유기가 그 모양이 특히 예뻤던 데는 달리 이유가 있었다. 보리나 기장 등 잡곡밥을 주식으로 삼던 다른 지방에서는 밥그릇이 크고 투박했던데 반해 미곡이 많이 생산되어 쌀밥을 주식으로 하는 안성의 밥그릇은 자그마하고 어여뻤다. 이런 까닭에 서울의 양반 사대부가나 지방의 부호들이 안성의 유기를 저마다 앞다투어 주문해갔다는 것이다.

같은 유기라도 장에 내다 파는 서민용 그릇은 '장내기'라 하고 양반, 부호들이 주문한 그릇은 '모춤'이라 하였는데, 요즘 뛰어난 제품, 만족스러운 물건을 일컫는 '안성맞춤'이란 말은 그래서 생겨났다.

이처럼 안성은 예로부터 이름난 상업의 중심지였고 수공업도시였으며 뛰어난 장인들의 고장이었다.

내 삶의 가난의 시작

수량이 풍부한 안성천을 끼고 있어 들판이 너른 공도면 웅교리가 내가 태어난 곳이다. 웅교리는 동웅교리와 서웅교리로 나뉘었는데 내가 태어난 서웅교리는 '고무다리'란 재미있는 이름으로 불렸다. 까닭인즉, 마을 가까이 있는 매봉산의 모양이 마치 곰의 다리 같이 생겼다고 해서 '곰의 다리'(熊橋)라고 부르던 것이 변해 '고무다리'란 이름이 되었다.

허허벌판 한 가운데 200여 가구가 마을을 이룬 고무다리 마을, 서웅교리는 논농사를 크게 하는 이들이 많아 '웅교리 가서 먹는 자랑하지 말라'는 말이 있을 정도로 안성에서 손꼽히는 부자 동네였다.

하지만 어린 시절 우리 집은 어느 쪽이냐 하면 가난한 쪽이었다.
우리 집안이 대대로 터를 잡고 살아온 곳은 안성과 인접한 충청도 땅 천안이었는데, 경작하는 땅이 많아 제법 부자 소리를 듣던 집안이었다. 아버지가 16살에 혼인하자 내 할아버지는 아버지를 천안에서 그리 멀지 않은 웅교리로 분가시켜 살게 했다.

할아버지로부터 받은 땅으로 남부럽지 않게 살던 우리 집이 가난의 굴레에 빠져들게 된 것은 아

젊음에게 들려주고 싶은
창업은 용기다
/ 가난 속에서 꿈을 키우던 시간 /

버지의 정미소 경영 때문이었다. 아버지는 할아버지로부터 물려받은 논을 팔고 밭을 팔아 당시론 인근에서 보기 드문 큰 규모의 정미소를 마을에 지었다. 미곡이 많이 나던 웅교리에서 정미소 운영은 그리 나쁜 아이디어는 아니었다. 나빴다면 마침 불어 닥친 정치 바람이었다.

당시 작은 농촌 마을을 선거바람으로 들썩이게 만든 국회의원 선거에서 아버지는 어떤 인연인지는 알 수 없지만 후일 대통령 후보로도 출마했던 당선자가 아니라 반대쪽 인사를 밀었다. 전 재산을 들여 새 정미소를 막 완공한 다음의 일이었다.

국회의원 선거가 끝나고 아버지가 밀던 인사가 낙선한 뒤 어찌된 일인지 아무 문제없던 정미소의 건축허가가 떨어지지 않았다. 새 건물을 번듯하게 세우고 최신 기계를 들여 지은 정미소는 가을 추수가 두 번이나 지나도록 한번도 가동되지 못했다.

기계가 녹슬지 않도록 정성스럽게 기름칠을 하며 아버지는 날마다 군청을 드나들었지만 건축허가는 종무소식이었다. 가동되지 못한 정미소 피댓줄에는 먼지만 쌓여갔다. 2년을 버티던 아버지는 결국 헐값에 정미소를 넘기고 말았다.

전 재산을 들여 지은 정미소를 거저다시피 남의 손에 넘긴 일은 아버지에게 큰 충격을 주었다. 천성이 점잖고 행동이 조용하고 시조창을 잘 하는 등 풍류도 즐겼던 아버지는 이 일 이후 세상일에 완전히 흥미를 잃은 듯했다. 40대 젊은 나이에 벌써 뒷방 노인이 되어 집안일을 돌아보지 않은 채 술로 세월을 살았다.

7남매나 되는 많은 자식들을 건사하는 일은 온전히 어머니의 몫이었다. 먹고 사는 일이 큰 문제였던 집안에서 어머니는 늘 우리들을 향해 말하곤 했다.
"사람은 헙헙하면 안 되고, 뜬뜬해야 한다."
돈을 허투루 써 낭비하면 남의 업신여김을 받게 되니 세상을 여물게 살아야 한다는 말씀이었다.

젊음에게 들려주고 싶은
창업은 용기다
/ 가난 속에서 꿈을 키우던 시간 /

아버님의 사업 실패로 집안에는 어둡고 음울한 기운이 언제나 무겁게 드리워져 있었다.
거기다 부모님의 이른 혼인으로 벌써 성인티가 났던 큰 형님은 다소 허랑한 기질이 있어 부모님과 이런저런 일로 충돌이 잦았다. 또 큰 형과는 달리 야무지고 성실하신 둘째 형은 집안의 가난을 어쩔 수 없는 환경이라 받아들이지 못하는 분이었다.

이래저래 집안은 평온할 날이 없었다. 4남3녀, 7남매의 여섯째였던 나는 철이 들기도 전인 어린 시절부터 가난 속에서 자라났다.

없는 집안의 자식들에겐 공부도 호사인 법, 위로 형님들과 누님들은 제대로 교육도 받지 못한 채 어려서부터 이런저런 일을 시작했고, 사내로 막내였던 내가 학교에 갈 수 있었던 것은 적지 않은 혜택이며 행운이었다.

공부도 제법하고 친구들과도 잘 어울리는 소년이었지만, 홀로일 때의 나는 늘 가난과 우울의 무게에 가위 눌려 지냈다. 그 나이다운 활기와 생동감, 희망과 꿈보다는 비관과 염세와 불안이 어린 두 어깨를 무겁게 내리눌렀다. 삶은 우울했고, 희망은 어디에도 없어 보였다.

중학교 2학년 때였다. 추수가 끝난 가을 즈음이었으리라. 나는 이 힘겹고 무거운 현실에서 탈출하기로 결심했다. 죽음밖에는 이 현실에서 벗어나는 길이 달리 없다고 생각했다. 어느 날 아침, 등교하는 대신 나는 집안에 굴러다니는 농약 한 병을 들고 아무도 몰래 볏짚 낟가리 속으로 들어갔다.

속을 파고 들어간 낟가리 안은 구수한 건초 냄새와 다소 눅눅하고 따뜻한 느낌의 훈기가 느껴졌다. 생각보다 훨씬 포근하고 안온했다.

어두운 볏짚 낟가리 안에서 내가 무슨 생각을 했는지는 구체적으로 기억이 나지 않는다. 다만 나

젊음에게 들려주고 싶은
창업은 용기다
/ 가난 속에서 꿈을 키우던 시간 /

는 손에 들고 온 농약병을 오래오래 들여다보고 있었던 기억이 난다. 이 약만 들이키면 이 지긋지긋한 가난과 집안의 우울과 답답한 현실에서 벗어날 수 있으리라 믿었다..

그러나 나는 선뜻 농약병을 들이키지 못했다. 비로소 죽음의 공포가 몰려왔다. 가족들의 얼굴이 하나하나 떠오르면서 갑자기 주체할 수 없을 만큼 눈물이 쏟아지기 시작했다. 나는 몇 번이나 농약병을 들이키려 했다. 하지만 그렇게 하질 못했다. 그럴 때마다 한없이 한없이 나는 울었다.

그날 나는 거의 세 시간 만에 다시 볏짚 낟가리를 걸어 나왔다. 내가 원했던 것은 죽음이 아니라 이 지긋지긋한 가난과 답답한 현실에서 벗어나는 일이었다. 그런데 어쩌면 농약을 마시지 않고도 그것으로부터 벗어나는 일이 가능할지도 모르겠다는 생각을 하게 된 것이었다.

그것은 돈을 버는 일이었다. 내가 돈만 많이 번다면 우리 가족도 다른 집처럼 즐겁고 행복하게 살 수 있을 것이며, 나는 다시는 농약 같은 건 마실 생각도 하지 않을 것 같았다. 나는 농약병을 처음 있던 곳에 조용히 갖다 놓고 가을걷이가 끝난 논으로 가서 아이들과 함께 어울려 공차기 놀이를 했다.

하지만 나는 아직 여전히 까까머리의 어린 소년이었으며, 정작 내가 장차 되고 싶은 것이 무엇인지, 무엇을 하고 싶은지도 알 수 없었다.

첫 번째 꿈, 천지개벽의 경부고속도로 대공사와 자동차정비공의 꿈
그 즈음 조용한 농촌 마을이었던 서웅교리에 천지개벽의 큰 역사(役事)가 벌어졌다.

겨울이 채 끝나기도 전이었던 1968년 2월부터 마을 남서쪽 들판 너머로 많은 불도저와 트럭 같은 중장비들이 몰려들더니 논밭을 파헤치고 산을 깎아 대로를 만들기 시작했다. 마을 사람 어느 누구도 일찍이 듣고 본 적이 없었던 엄청난 대공사였다. 바로 그 전해 박정희 대통령이 대선공약으로 내세우고 당선과 동시에 전격적으로 착공에 나선 '경부고속도로' 건설 공사가 시작된 것이었다.

작업복을 입은 많은 인부들이 중장비를 앞세워 땅을 파헤치고 길을 닦는 작업이 거의 밤낮없이 계속되었다. 조용하던 농촌마을 웅교리와 인근 마을들은 아연 공사의 소란과 소음 속으로 휩쓸려 들었다. 공사 현장이 하도 거창하고 작업이 전쟁 치르듯 맹렬해 까까머리 아이들뿐 아니라 도포 차림에 곰방대를 문 마을 어르신과 젖먹이를 등에 업은 아낙까지 너나없이 몰려나가 공사작업을 지켜보았다. 그들 가운데 나도 있었다.

1968년 2월1일 착공해 1970년 7월7일 완공된 경부고속도로 건설공사는 연인원 9백만 명의 인력과 165만 대의 중장비, 429억원의 건설 비용이 투입된, 건국 이래 최대 규모의 토목공사였다.

서울 한남대교(당시엔 제3한강교) 남단에서 부산 금정구를 연결하는 428km의 경부고속도로 건설공사는, 당시 세계 토목전문가들이 우리나라의 도로 건설 역량을 감안하면 그 건설에 16년이 걸릴 것이라고 예상한 거대한 국책 건설사업이었다.

박정희 대통령은 국가의 역량을 총동원해 건설 작업에 나섰다. 군인 출신의 대통령은 16개 시공업체에다 3개의 건설공병단까지 투입하고 그 자신 마치 야전사령관이 된 듯 현장을 직접 독려하며 군사작전처럼 맹렬하게 공사를 진행시켰는데, 그 결과 16년이 걸릴 것이라던 공기를 불과 2년5개월만에 완공시켰다. 실로 세계 토목공사 역사에 유례가 없는 속도였다.

실제 당시 도로건설 현장에서는 공기를 단축하기 위해 겨울에는 노면 포장을 위해 언 땅에 짚불을 놓아 녹이고 트럭 꽁무니에 버너를 달고 운행하며 공사를 강행했다고 한다.

이 기적적인 속전속결 건설의 결과는 그 후 상당히 값비싼 대가를 치러야 했는데, 속도전 공사

젊음에게 들려주고 싶은
창업은 용기다
/ 가난 속에서 꿈을 키우던 시간 /

의 와중에 77명이나 되는 인부가 목숨을 잃었고, 부실공사와 중앙분리대 등 안전시설 미비로 인해 도로개통 후 대형사고가 빈발했고, 개통 1년만에 전 노선에 덧씌우기 보수공사가 이뤄졌다.. 그뿐 아니라 도로에서 각종 하자가 끊임없이 발생, 개통 후 10년간 투입된 유지보수 비용이 오히려 고속도로 건설비용을 넘는 수준이었다니 초고속 건설의 후유증이 실로 만만치 않았음을 알 수 있다.

나는 학교 수업이 끝나면 자전거를 타고 공사현장으로 달려가 인부들과 건설장비들이 일사 분란하게 움직이며 땅을 파헤치고 산을 깎고, 다리를 놓고 바닥을 다지는 것을 지켜보았다. 그리고 마침내 검게 포장된 도로가 넓은 들판을 가로지르며 서서히 그 장대한 모습을 드러내는 광경을 꿈결처럼 바라보았다. 이 넓고 곧고 긴 길이 한없이 멀리 뻗어가 저 멀리 우리나라 국토의 끝 부산까지 연결된다는 것이었다. 정말이지 그것은 하나의 거대한 꿈이었으며 환상이었다.

공사 기간 동안, 때때로 현장 작업복을 입은 키 큰 중년의 남자가 나타나 직접 공사를 지휘하고 감독하는 모습을 보기도 했는데 훗날 그 이가 바로 현대건설의 정주영회장이었다는 사실을 알게 되었다. 정주영 회장의 현대건설은 공사 전 구간의 40%를 시공한, 경부고속도로 건설의 주역 가운데 하나였다.

그로부터 2년 남짓한 시간이 지난 후 마침내 고속도로가 개통되었다. 넓고 시원하게 펼쳐진 도로 위로 많은 차들이 상상할 수 없이 빠른 속도로 달려가는 것을 나는 다시 경이에 찬 눈으로 바라보았다. 그것은 지난 2년여 동안의 꿈과 환상이 마침내 현실이 되어 내 눈 앞에서 찬란히 펼쳐지는 순간이었다. 참으로 가슴 떨리도록 감격스러운 일이 아닐 수 없었다.

그러면서 내게도 하나의 꿈이 싹 트기 시작했다. 그것은 어떤 깨달음과도 같은 것이었다. 새로 만들어진 시원한 고속도로를 빠르게 달리는 자동차들은 나 자신에게도 새로운 미래를 암시하는 듯했다.

젊음에게 들려주고 싶은
창업은 용기다
/ 가난 속에서 꿈을 키우던 시간 /

경부고속도록개통식

나는 동네 사람들로부터 이 멋진 고속도로를 만든 사람도, 그리고 그 위를 신나게 달리는 자동차를 만든 사람도 같은 사람이란 사실을 들었다. 그는 이북에서 꿈을 찾아 서울로 내려온 사람으로 맨손으로 사업을 시작해 그런 엄청난 부자가 되었다고 했다.

돈을 벌면 행복해질 거라고 생각했던 당시의 나에게 가난을 딛고 엄청난 성공을 거둔 그의 이야기는 새로운 꿈을 가지게 하는데 충분했다. 그를 내 삶의 스승으로 삼고 본받으려 노력하다 보면 그만큼 큰 부자는 되지 못한다 하더라도 그의 절반쯤, 아니 그의 십 분의 일 정도의 부자는 될 수 있지 않을까 하는 생각이 들었다.

젊음에게 들려주고 싶은
창업은 용기다
/ 가난 속에서 꿈을 키우던 시간 /

시원하게 뚫린 고속도로 위를 달리는 가지각색의 자동차들은 그때까지 내가 본 자동차를 전부 합친 것보다 많았다.
다양한 자동차들을 보는 것이 내겐 신나는 놀이처럼 여겨졌다.

그러다 문득, 저렇게 큰 도로를 만들어 놓았으니 앞으로 자동차는 점점 더 많아질 것이란 생각이 들었다.

차도 기계이니 마을의 탈곡기처럼 고장이 날 것이고, 그렇다면 자동차 정비공장을 운영하면 부자가 될 수 있음은 물론 자동차도 실컷 만져볼 수 있겠구나…… 그렇게 나는 생각했다.
아마도 내가 나의 장래에 대해 구체적인 희망을 품은 것은 이때가 처음이었으리라.

자동차 정비공장을 운영하려면 우선 정비기술을 익혀야 한다고 생각한 나는 자동차 정비공이 되려는 꿈을 품고 당시 5년제였던 서울의 인덕실업전문학교 자동차학과에 진학하기 위해 공부하기 시작했다.

두 번째 꿈, 한독낙농시범목장과 목장주의 꿈
하지만 자동차 정비공장을 만들어 운영하려던 나의 꿈은 그로부터 얼마 지나지 않아 흔들리게 된다.

안성은 나직한 야산지대와 평탄한 구릉지대가 넓게 분포되어 있어 낙농에 매우 좋은 조건을 갖춘 곳이다. 1964년 서독을 방문했던 박정희 당시 대통령은 서독의 대규모 젖소목장 등 선진화된 낙농산업에 큰 감명을 받았다.

우리나라에도 그런 낙농목장을 만들어 국민들에게 우유를 공급하려는 생각을 하게 된 그는 그로부터 4년 후 우리 마을과 인접한 안성군 공도면 신두리 구릉지에 서독의 목장을 닮은 국내 최초의 대규모 젖소목장을 건립했다

무려 48만여 평의 드넓은 초지에 건립된 이 대규모 목장은 우리 정부의 요청에 의해 서독이 차관을 제공하고 낙농기술 전문가를 파견해 만들어졌는데, 그래서 그 이름도 '한독낙농시범목장(韓獨酪農示範牧場)'으로 지어졌다.

독일에서 들여온 홀스타인 젖소 200두를 사육해 우유를 생산하고, 아울러 낙농기술 전문가도 양성해 내려는 목적으로 건립된 이 목장은 1969년 10월에 있었던 농장 준공식에 박정희 대통령이 삼부요인과 함께 직접 참석해 축사를 하였을 만큼 한국 낙농의 염원이 담긴 범국가적인 사업이었다.

한적한 농촌마을에 생겨난 엄청난 규모의 젖소목장은 당연하게도 나의 지대한 관심을 끌었다. 나는 경부고속도로 공사 때도 그랬던 것처럼, 틈만 나면 목장으로 달려가 드넓은 초지 위를 거니는 알록달록한 젖소를 일삼아 구경하곤 했다.

농촌마을인 터라 웬만큼 농사를 짓는 집이라면 한두 마리쯤은 있기 마련인 누런 황우와는 생김새부터가 다른 젖소였다. 어딘지 귀티가 나게 생긴 수백여 마리의 서양 젖소가 너른 초지를 유유히 거니는 광경이란 가히 장관이라 아니할 수 없었다. 소의 젖을 짜서 우유를 만든다는 것은 그때 내가 처음 알게 된 놀라운 사실이었다.

그때부터 기름에 전 작업복 차림의 자동차 정비공보다는 너른 초지를 유유히 거니는 예쁜 젖소를 기르는 목장주가 훨씬 더 매력 있는 직업으로 느껴지기 시작했다.

마침 그 즈음에 자동차 정비공장 주인이 되려던 나의 꿈을 수정 할 수밖에 없는 일이 일어났다.

젊음에게 들려주고 싶은
창업은 용기다
/ 가난 속에서 꿈을 키우던 시간 /

당시 둘째 형은 큰누나와 함께 안성읍에 화장품 대리점을 냈는데, 사업 수완이 뛰어나 사업이 잘 됐다. 형들의 노력으로 점차 집안은 이전의 극심한 가난으로부터는 조금씩 벗어날 수 있었다.

중학교 3학년 때, 둘째 형이 나를 불러놓고 심각한 얼굴로 말했다.
"네 학비는 우리 형제들이 어떻게든 책임질 테니 너는 돈 걱정일랑 말고 무조건 열심히 공부해 대학을 가거라!"

둘째 형이 어떤 사람인지를 아는 이라면 그 말이 얼마나 놀라운 말이란 것을 당장에 알았을 것이다. 작은 푼돈에도 쓸데없는 곳에서는 전혀 낭비하지 않는 분이었던 것이다. 그런 형이 대학 졸업 때까지 아우의 학비를 스스로 부담하겠다고 나선 것이었다.

그로써 나는 정비공이 되기 위해 서울의 인덕실업전문학교에 진학하려던 나의 계획을 포기하고 대학 진학을 위해 안성읍에 있는 인문계 고등학교인 안법고등학교에 진학했다.

실제 그 후로 둘째 형은 대학 졸업 때까지 나의 학업을 뒷바라지했는데, 사업이 잘 될 때나 어려울 때나 단 한번도 학비로 어려움을 겪는 일이 없도록 지원을 아끼지 않았다.

고등학교를 다니며 나의 꿈은 자연스럽게 목장주가 되는 쪽으로 기울었다. 하지만 목장을 경영하기 위해 필요한 넓은 땅과 많은 젖소, 사료를 저장하기 위한 사일로(silo)와 우유 저장고 같은 시설물들은 나로선 엄두가 나지 않는 것이었다.

그래서 우선은 가축을 돌보고 치료하는 수의사가 되자고 마음먹었다.
목장을 경영하려면 먼저 가축을 이해하고 병이 나면 치료할 수 있어야 한다고 생각했기 때문이었다. 수의사가 되어 열심히 일을 해 목장을 운영할 돈을 벌어야겠다는 생각도 했다.

당시만 해도 수의사는 농촌에서 상당히 존경 받는 직업이었으며, 대학 입시 경쟁률도 꽤 높은 편이었다. 고등학교 시절 수의사를 꿈꾸며 나름대로 열심히 공부했지만 내 실력은 당시 수의학과가 있는 서울의 대학에 진학할 수준에 미치지는 못했다. 당시 서울에 소재한 대학의 수의학과는 서울대와 건국대 단 두 곳뿐이었다.

나는 지방 대학 수의학과를 목표로 삼았다. 그런데 어찌된 일인지 내가 고3이던 그 해 입시에 지방대는 수의학과 학생을 선발하지 않는다고 공고되었다. 상황이 이렇게 되자 나는 심각한 혼란과 고민에 빠지지 않을 수 없었다.

수의학과 진학을 위해 재수를 할 것인가, 아니면 다른 학과로 진학할 것인가? 대학 진학은 내 개인의 문제이기 이전에 그간 학비를 대준 둘째 형을 비롯해 우리 집안의 큰 관심사이자 희망사항이었다. 재수는 가족들에게 커다란 실망을 안기는 일이 될 게 분명했다. 내게 대학 진학은 선택의 여지가 없는 일이었다.

세 번째 꿈, 태권도와 대학 생활, 체육학 교수의 꿈

대학 진학으로 길을 잡고 나니 전공을 결정해야 했다.
수의학과 외에는 생각해보지 않은 터라 막막했지만, 내가 관심 있고 잘하는 것으로 전공을 삼아야 한다는 생각은 분명했다.

나는 중학교 3학년 때부터 태권도를 배우기 시작해 그때는 공인 초단 자격증을 소지하고 있었다. 운동신경이 뛰어나 내 태권도 실력은 또래들에 비해 상당히 뛰어난 수준이었다.

태권도를 바탕으로 체육학과에 진학한다면 잘 해나갈 수 있을 거라 는 생각에 체육과에 진학하기로 결정했다. 그 당시에 태권도가 국제화 되기 전이니 운동과 학문을 열심히 해서 국제화에 일익

젊음에게 들려주고 싶은
창업은 용기다
/ 가난 속에서 꿈을 키우던 시간 /

을 담당하는 체육학교수가 되자고 마음을 먹고 고려대학 체육학과에 원서를 접수했다. 고려대학이 전통 있는 명문사학이라는 점도 마음이 끌렸지만 '민족의 대학 고려대' '민족 고대'란 말이 왠지 내게는 근사했고 민족고대와 태권도가 퍽 어울리는 것 같이 느껴졌다.
이듬 해 나는 고려대학교 사범대학 체육학과의 74학번 학생이 되었다.

대학 생활은 내가 생각했던 것과는 상당한 차이가 있었다.
태권도를 열심히 수련해 대학을 졸업한 뒤 체육학 교수가 되어야겠다는 것이 내가 체육학과에 진학하면서 품은 꿈이었다. 그런데 정작 입학하고 보니 태권도는 커리큘럼에도 포함되어 있지 않았으며, 심지어 학내 동아리조차도 없었다.

전 학과생들을 중심으로 한 태권도 동아리는 학내에서 그 역사와 활동이 꽤 유명한 편이라고 했는데, 그 전해 동아리 내에서 무언가 큰 불상사가 생겨 동아리 인가가 취소된 상태였다. 뭔가 처음부터 크게 어긋나고 김이 빠진 듯한 느낌 속에 나는 대학 생활을 시작했다.

목표를 잃어버린 듯한 혼란 때문인지 대학 생활은 처음부터 삐걱거렸다. 대학이 학문과 진리 탐구의 장이라는 말이 우스웠고, 강의는 시시했다. 그래서 나는 그냥 열심히 놀았다. 열심히 막걸리를 마셔댔고, 열심히 친구들과 몰려 다녔고, 열심히 사고를 쳤고, 열심히 결강하며 학생의 본분인 공부와는 멀어졌다.

나의 대학 시절 전반기가 그러했다. 1학년 2학기에 그 전해 없어졌던 태권도 동아리가 새로이 인가를 얻어 다시 만들어졌다. 전 학과생들을 대상으로 지원자를 선발해 결성된 대학 태권도부는 부원들의 결속력이 대단하고 자부심 또한 대단했다. 부원 대부분이 태권도에는 초보자들이었지만 모두들 사내다움에 대한 동경이 강하고 의협심이 남달랐다. 나 또한 체육인이란 자부심 속에 열성적으로 동아리 활동에 참여했다. 고행에 가깝도록 가혹하게 육체를 단련함으로써 스스로 강한 남자가 되어가고 있다는 의식은 참으로 매력적인 일이었다.

태권도 서클은 단순히 운동 수련만 열심히 하는 것이 아니라 면학적인 분위기도 상당했다. 공부와 운동을 함께 해서 문무를 동시에 갖춘 인간이 되자는 생각에서였다. 그런 까닭에 태권도 서클 출신 가운데 사회적으로 성공한 선배들도 여럿이었는데, 국회의원만 5명을 배출했다.

내가 대학을 다니던 1970년대 중반은 유신 정권 말기로 사회가 혼란스러웠고, 대학도 크고 작은 집회, 데모로 시끄러울 때였다. 하지만 우리는 그러한 사회문제, 시국문제에도 크게 관심이 없었다. 다만 열심히 태권도 수련을 하고, 함께 가까운 단골 술집으로 몰려가 끓어 넘치는 청춘의 열기를 막걸리로 다스렸다.

그렇게 대학 1, 2학년이 지나가고 있었다.
3학년이 가까워지면서 내가 소중한 나의 시간들을 너무 무의미하게 소진시키고 있는 것은 아닌가 하는 회의와 불안감이 들기 시작했다..

나는 열심히 운동에 몰두해 태권도 공인 4단의 실력을 획득했고 젊음의 특권이라 할 자유를 부족하지 않게 누리고 있었지만 이게 내 대학생활과 청춘의 전부가 되어서는 안되지 않겠는가? 이렇게 단순하고 대책 없이 객쩍은 혈기에 사로잡혀 사는 것이 과연 내 청춘의 모습이란 말인가……

이제는 나도 자신의 미래에 대해 좀더 진지하게 생각해 보아야 할 때가 되었다는 생각이 들었다. 이제는 내 대학생활에도 변화를 모색해 보아야 할 때가 되었다.

하지만 이런 회의와 갈등에도 불구하고 정작 무엇이 진실로 청춘이란 이름에 값 할 만큼 가치 있는 일인지, 어떻게 하는 것이 내 청춘의 시간을 소중하게 사용하는 것인지는 여전히 알 수 없었다.

명색이 대학생이니 공부가 중요한 것은 부인할 수 없는 일이었다. 하지만 공부를 하더라도 무언가 목표가 있어야 할 것이 아닌가.

젊음에게 들려주고 싶은
창업은 용기다
/ 가난 속에서 꿈을 키우던 시간 /

사범대학이니 대학을 졸업하면 체육교사가 될 수 있었다. 아니면 체육학 교수를 목표로 공부를 더욱 열심히 해 대학원에 진학할 수도 있었다. 하지만 스스로 판단해보건대 나는 그리 학구적인 인간이 아니며 중고등학교에서 아이들을 가르치며 살아갈 만큼 착실하고 규범적인 타입도 아니었다. 그렇다면 지금부터라도 영어와 시사상식 공부를 열심히 해 기업체 입사 시험을 보고 회사원이 될까……

자신의 미래를 생각하면 할수록 모든 것이 혼란스럽고 불확실하게 느껴졌다. 마치 내 자신이란 존재가 불확실성의 커다란 덩어리 같은 느낌이었다. 내 속에는 여전히 주체하기 힘들 만큼 뜨겁고 열정적인 청춘의 에너지가 넘쳐흐르고 있었지만 정작 그 에너지를 어디에다 사용해야 할지 나는 알 수 없었다.

그런 어느 날, 학교 게시판에서 학생군사교육단(ROTC) 학군사관후보생 모집공고를 보았다. 군대야 건강한 대한민국 남자라면 누구나 가야 하는 것, 그런데 졸업과 함께 장교로 임관할 수 있다는 말에 나는 눈이 번쩍 떠졌다. 나는 평소 리더를 동경했고 강한 리더십을 갖춘 사람이 되고 싶었다. 그런 점에서 장교 임관은 내게 대단히 매력적인 것이었다. 거기다 군 복무 중에 제법 큰 액수의 장교 봉급도 받을 수 있었다 확실히 공고 내용은 나의 관심을 끌만 한 내용이었다. 나는 큰 망설임이나 갈등 없이 ROTC 모집에 지원했다.

죽음의 위기, 그 순간에 만난 평화
우리나라 여자들이 가장 듣기 싫어하는 것이 남자친구의 '군대에서 축구 한 이야기'란 우스개 소리가 있다. 군대 얘기란 그만큼 남자들이 흔히 떠벌리고 일쑤 과장하는 이야기인 탓일 것이다. 그리고 그런 만큼 남자들에게 군대 체험이란 반추하고 반추해도 여전히 새롭고 흥미로운 그 무언가를 제공하는 기억이기 때문일 것이다.

중고등학생 시기를 거쳐 대학에 진학하거나 직업인으로 사회에 첫발을 들여놓은 20대 초 중반의 청년들이 군 입대라는 사회적 통과의례 앞에 갑자기 맞이하게 되는 낯선 경험들은 마치 자신이 앓고 있는 병에 대해서만 떠들어대는 환자처럼, 혹은 자신이 겪은 전쟁에 대해서만 떠들어대는 퇴역군인처럼 그들을 체험 강박증환자로 만들어버린다.

이전에는 한번도 경험한 적이 없는, 생과 사를 넘나드는 절박한 위기의 순간, 혹은 인간의 신체 한계를 초월하는 극한의 고통과 마주하는 순간, 그들은 그렇게 군대 체험이라는 마법의 기억에 사로잡히고 말게 되는 것이다.

내 개인적인 경험으로 말하자면, 남자에게 군대 체험은 제대로 된 사내가 되기 위한 통과의례로서 갖는 의미가 매우 크다고 생각한다. 사내와 쇠는 두드릴수록 단단해진다. 단단하게 다져진 쇠는 무기가 되고, 단단해진 사내는 용감한 군인이 된다.

그런 점에서 군대의 힘든 훈련과 단체 생활은 용감한 군인이 되기 위해서도, 제대로 된 사내가 되기 위해서도 필요하다고 나는 생각한다.

나는 1978년 대학을 졸업하던 해 ROTC 16기로 임관, 공수특전단에 입대했다. 공수특전단(정식 명칭은 '대한민국 육군 특수전사령부'이다)은 알려져 있다시피 유사시 적진에 깊숙이 침투하여 게릴라전, 교란작전, 정찰, 정보수집, 직접타격, 요인암살 및 납치, 인질구출, 주요시설 파괴 등 각종 특수작전을 수행하는 임무를 가진 특수부대다.

부대 구호가 "안 되면 되게 하라!" "귀신같이 접근하여, 번개같이 타격하고, 연기같이 사라져라!"일 만큼 전투력이 막강하고 군기가 엄하기로 이름난 부대다.

그러므로 내게도 군대 체험이라면 여느 사람들 못지않게 넉넉한 이야기 보따리가 마련되어 있다. 하지만 그렇다 하더라도 그런 이야기를 새삼 늘어놓는 일이란 수많은 돌로 만든 돌탑 위에 다시

젊음에게 들려주고 싶은
창업은 용기다
/ 가난 속에서 꿈을 키우던 시간 /

돌 하나를 더하는 일에 다름 아니란 것도 알고 있다.

그럼에도 군대에서 내가 경험한 일을 한두 가지 얘기하고 싶은 강렬한 유혹을 차마 외면할 수가 없다. 군대에서의 체험 또한 현재의 나란 인간을 이루는 바탕일 것이며 이후의 나를 설명하는데도 도움이 될 것이기 때문이다. 인간의 지혜와 지식은 많은 부분 경험으로부터 얻어지는 것이며, 인간들이란 결국 경험이라는 질료를 통해 만들어진 존재, 경험의 총합인 것이다.

이것은 내가 군에서 경험한 죽음과 삶에 관한 얘기다.
중국의 작가 루쉰이 그의 소설 〈아큐정전〉에서 익살스럽게 밝힌 바, 사나이로서 한 세상 살다 보면 죽음이 코앞에 당도하는 일이 없을 수 없다고 하였다. 하지만 우리가 세상을 살아가면서 죽음을 바로 눈앞에서 마주하는 경우란 결코 그리 흔한 일이 아니다.

앞에서 말한 바처럼 특전사는 부대의 특성상 그 훈련의 강도가 매우 높다. 그래서 훈련 중에 때때로 목숨이 위태로운 위험한 경험을 하게 된다. 이는 나뿐만 아니라 특전사에서 군생활을 한 이라면 대부분 경험한 일일 것이다.

낙하산 강하훈련이라고도 하는 공중침투훈련 만해도 우리 팀의 베테랑 선임하사 하나가 낙하산이 펴지지 않아 지상으로 추락해 죽음을 당한 일이 있다.

특전사는 1년에 4번 의무적으로 침투용 비행기를 타야 하는데, 계기 비행을 하는 이 비행기를 타고 1천200ft(365.76m) 상공에서 줄에 매달려 낙하훈련을 한다. 그러면 강하 4초만에 낙하산이 펴지고 서서히 지상에 낙하하게 된다. 그런데 당시 얘기로 낙하산이 펴지지 않을 확률이 1천분의 1이라고 했다. 비록 희소한 확률이지만 그 확률의 당사자가 누가 될 지는 아무도 알 수 없는 일이다.

해상 침투훈련도 위험하기는 마찬가지다. 해상 침투를 위한 해상훈련은 보통 보름씩 하게 되는데, 한번은 바람이 강하게 불고 파도가 높은 날 전복훈련을 강행했다. 전복훈련이란 보트를 타고 바다로 나간 뒤 보트를 뒤집어 놓고 그 속에 몸을 숨기는 훈련이다. 이때 중대장은 보트 위에 엎드려 적진을 정찰하고, 부중대장은 노를 모아 보 뒤에 매달려 있게 된다.

그런데 그 전복훈련 중에 옆 중대 부중대장이 풍랑에 휩쓸려 바다에서 실종돼 버렸다. 인천에 있는 여단에 긴급 보고한 뒤 UDT까지 투입돼 수중 수색을 벌인 결과 노와 함께 부중대장의 사체를 수중에서 인양했다. 이런 일은 흔하진 않지만 훈련 중 언제든 일어날 수 있는 일이다.

하지만 어디 비단 군대 훈련 상황뿐이겠는가. 실생활에서도 인간은 각종 사고로 숱하게 죽음의 위험에 노출되어 있다. 확률로 본다면 특전사 훈련 중 사고를 당할 확률보다는 교통사고로 죽을 확률이 훨씬 높은 것이 현실이다.

젊음에게 들려주고 싶은
창업은 용기다
/ 가난 속에서 꿈을 키우던 시간 /

하지만 이제 내가 얘기하려는 사건은 그런 죽음의 얘기와는 명백히 다른 이야기다. 그때 나는 바로 눈앞에서 죽음과 마주 서 있었다.

특전사 훈련은 부대 특성상 강도가 세고 혹독하기로 이름 높다. 공수 훈련, 낙하산 강하훈련, 대대종합전술훈련(천리행군훈련), 해상훈련, 산악유격훈련 등 기본 훈련 외에 전방견적훈련, 혹한기 동계훈련, 충정훈련, 대 테러 진압훈련 등 모든 훈련이 하나같이 인간의 육체적 한계를 뛰어넘을 만큼 강한 강도로 이루어진다.

소수 정예부대를 지향하는 특전사는 중대장 밑에 열두 명이 한 단위 부대를 이루는데 이를 팀이라 부른다. 대위인 중대장이 팀장이 되고 소위, 중위는 부팀장이 되고 팀원은 모두 하사관이다. 유사시 특전사의 작전지역은 북한이다. 따라서 훈련지도 북한지역을 가상하고 훈련하며, 그런 까닭으로 야간에 훈련이 이루어지는 경우가 대부분이다.

그 날도 우리 팀은 야간 적진 침투훈련을 마치고 모두가 초주검이 되어 새벽녘에 서둘러 잠자리에 들었다. 텐트를 칠 기력조차 없어(2인 1조 텐트로 취침한다) 산속의 잡초 무성한 무덤 주위 바닥에 텐트를 깔고 침낭 속에 잠들었다. 그런데 오전 10시 무렵, 갑자기 난사되는 요란스러운 총성이 곤히 잠든 팀원들을 깨웠다.

"탕 탕 탕……"
총소리에 소스라쳐 놀라 일어나니, 팀원인 최 하사가 M16을 난사하며 고래고래 고함을 질러대고 있었다. 한눈에 보아도 그는 이미 만취상태였다.

"중대장 어디 있어! 나와! 죽여 버릴 거야!"
평소 크고 작은 문제를 자주 일으켜 부내 내에서 요주의 인물로 지목 받아온 최 하사였다. 본성이 불량한 것은 아니었지만 매사 덜렁대고 나름 요령을 부린 일들이 자주 나쁜 결과로 이어져 이런

저런 문제를 일으켰다.

최근엔 그런 문제들로 인해 동기들은 모두 중사로 진급했지만 자신만 진급에 누락되어 불만이 이만 저만이 아니었다. 그날도 그는 진급 누락을 문제 삼아 불만을 터뜨리며 훈련을 태만히 해 중대장에게 호된 꾸중을 들은 터였다.

그랬던 그가 휴식취침 중에 대열을 이탈해 어딘가에서 술을 취하도록 마시고 나타난 것이었다.

"중대장 나와!"
고래고래 고함을 지르는 중에도 연신 허공을 향해 총을 난사하고 있었다. 그 모습이 흡사 광기에 사로잡힌 맹수 같았다. 여차하면 동료 팀원들을 향해서도 총을 난사할 듯한 모습이었다.

놀라 잠에서 깨어난 팀원들은 하나같이 공포에 사로잡혀 납작 엎드린 자세로 있었고 적막하던 산 속은 순식간에 공포의 도가니가 되었다.

그런데 최 하사가 찾는 중대장은 그때 다음 작전을 위해 정찰 상황 중이어서 그곳에 없었다. 그러므로 현장에서 팀원을 책임질 지휘관은 부중대장인 나였다. 팀원들이 모두 하얗게 겁에 질린 얼굴이 되어 나를 돌아보고 있었다.

상황은 자명했다. 이 상황에 대처할 책임을 진 사람은 다른 누구도 아닌 나란 사실이었다. 그러자 엄청난 공포감이 나를 사로잡았다. 가능하다면 나도 12명의 팀원들 가운데 한 사람이기를 바랬다.

하지만 나는 부중대장이었고 이 상황은 내가 해결해야 했다.
나는 천천히 일어나 최하사와 마주보고 한 발자국 한발자국 최 하사 앞으로 다가갔다. 그 순간,

젊음에게 들려주고 싶은
창업은 용기다
/ 가난 속에서 꿈을 키우던 시간 /

최 하사가 나를 날카롭게 쏘아보았다. 그 눈길 속에 섬뜩한 광기가 느껴졌다. 머리 속이 하얘지는 느낌이었다.

하지만 나는 다시 한걸음 한걸음 다가갔다. 최 하사가 소리쳤다.
"거기 서! 당신 말고 중대장 나오란 말이야. 만약 가까이 다가오면 쏠 거야."
"중대장님은 여기 없어. 나랑 얘기하자, 최 하사."
그 순간, 최 하사가 총구를 나에게 정조준 했다.

다시 한번 머리 속이 하얘지며 한번도 경험해보지 못한 엄청난 공포가 나를 사로잡았다. 하지만 나는 다시 걸음을 옮겨 15m 가량 거리에서 그와 마주 섰다. 거의 무의식적인 행동이었다. 나는 그 순간 죽음을 직감했다.

'이제 나는 죽는구나' 라는 생각이 들었다..
그러자 놀라운 일이 일어났다. 죽음을 마주했다고 느낀 순간, 머리 속이 또렷이 맑아지면서 공포감이 완전히 사라져 버리는 것이었다.

"나를 쏠 텐가, 최 하사!"
"……"
"쏠 테면 쏴라. 네가 총을 쏜다면 나는 죽을 것이다. 하지만 네가 원하는 것이 나를 죽이는 일인가?"

나를 겨냥한 채 최 하사가 소리쳤다.
"당신한테는 불만 없어! 내가 죽이려는 놈은 중대장이니까 당신은 나서지 마!"
"중대장님은 없어. 그러니까 지금은 내가 지휘관이고, 팀원들은 내가 지켜야 한다는 걸 너도 알 거 아니냐? 그러니 총 내려놓고 나랑 얘기하자."

나는 그를 설득하기 시작했다. 최 하사는 나와는 동갑으로 평소 부하라기보다는 친구처럼 대해온 사이이기도 했다. 그런 사이였기 때문에 비록 극도로 흥분해 있긴 하지만 적어도 내 말에 귀를 기울여줄 것이라 기대했다.
"최 하사! 나는 너의 상관이지만 지금껏 한번도 계급을 앞세워 너를 부당하게 억압하거나 괴롭힌 적이 없다. 그건 너에게 동갑 친구로서 우정을 갖고 있었기 때문이었다. 그 말은 우리가 서로 대화가 가능한 사이라는 말이 아닌가? 나는 지금 너와 친구로서 대화를 하고 싶다. 네가 나를 순전히 자신을 부당하게 억압한 상관으로 생각한다면 지금 나를 쏴라!"라고 소리쳤다.

"지금 너의 행동이 얼마나 큰 문제를 일으킬 수 있다는 것을 아느냐? 지금 너는 술이 취해 있고 잠시 이성을 잃었을 뿐이다. 그러니 총을 내려놓고 대화로 문제를 해결하자. 원하는 것이 있다면 중대장님께 내가 책임지고 상신해 해결토록 하겠다."

아마도 나는 그런 말을 하였을 것이다.
하지만 이미 극도로 흥분한 최 하사는 내 말을 이성적으로 받아들일 상태가 아니었다. 다시 욕설과 함께 중대장을 데려오라고 고함을 지르기 시작했다.
나는 한 걸음 한 걸음 최 하사를 향해 다시 걸음을 옮기기 시작했다.
"다가오지 마! 더 가까이 오면 쏴버릴 거야!"

최 하사가 갑자기 다시 허공을 향해 총질을 했다. 하지만 나는 물러설 수가 없었.. 어떻게든 해결이 필요한 상황이었다. 나는 계속해서 그를 향해 걸음을 옮겼다. 거리는 이제 불과 5, 6m 남짓으로 가까워졌다.

"진짜 쏴버릴 거야!"
최 하사는 나를 쏘지 못하고 바닥을 향해 총을 난사했.. 그러더니 갑자기 몸을 돌려 달아나기 시작했다. 어둠 속으로 그가 사라진 뒤, 바닥에 흩어진 탄피와 탄흔 자국을 보면서 나는 비로소

젊음에게 들려주고 싶은
창업은 용기다
/ 가난 속에서 꿈을 키우던 시간 /

내가 한 행동이 얼마나 위험한 것이었는지를 깨달았다.

그로부터 두어 시간 후, 최 하사는 수색 중이던 우리 팀원들에게 발견되었는데, 발견 당시 그는 산 속에서 총을 껴안은 채 깊은 잠에 빠져 있었다.

이 충격적인 사건은 오래도록 나의 기억에 깊은 인상을 남겼고 이후의 내 삶 전반에 매우 커다란 영향을 끼쳤다.

당시 나는 그 극한의 상황에서 의연하게 대처한 자신에 대해 적지 않은 만족감과 자부심을 느꼈던 것으로 기억한다. 그리고 그것은 사실이었다. 나 자신만 그렇게 느낀 것이 아니라 그 자리에 함께 한 팀원들로부터도 한동안 영웅적인 무용담의 주인공으로 자주 언급되곤 하였으니까……

그 사건은 이후 나의 삶에서 두 가지 중요한 인식의 변화를 가져오는 계기가 되었다는 점에서 더 큰 의미를 갖게 되었다.

그 하나는, 그 동안 관념적으로만 생각했던 죽음이란 것이 실은 언제든 우리 삶 속에서 그 민 낯을 드러낼 수도 있다는 사실이다. 사실 우리 인간이란 죽음 앞에서 얼마나 나약한 존재인가.

가족의 따뜻한 인사를 받으며 현관문을 나선 우리들의 평화로운 아침 출근은 전날 마신 술에서 아직 채 깨어나지 못한 어느 운전자의 순간적인 실수에 의해 순식간에 지옥으로 변할 수 있으며, 연인을 만나기 위해 부푼 가슴으로 약속 장소를 향해 달려가던 건강한 젊은이도 어느 간판업자의 불성실한 볼트 조임에 의해 떨어져 내린 간판으로 인해 그의 생이 어이없게 끝날 수도 있는 것이다.

이처럼 인간들이란 그 자신이 결코 짐작할 수 없는 죽음의 위험 속에 노출된 채 살아가고 있다. 하지만 그렇다 한들, 미지의 순간 닥쳐올 죽음이 자신의 것이 되리라고 생각하며 살아가는 사람이 얼마나 되겠는가?

그러나 그날 밤 내가 그러했듯, 삶과 죽음의 경계선 위에 위태롭게 올라 서 본 사람이라면, 죽음을 구체적인 현실의 일로 경험해본 사람이라면 다를 것이다. 삶과 죽음의 거리가 결코 우리가 생각하는 것처럼 그렇게 먼 것이 아니며, 그러므로 지금 내가 살아있다는 사실은 참으로 위대한 가치를 가진 것이고 우리에게 주어진 하루하루 또한 무한한 축복인 것이다.

또 다른 하나는 공포와 평화 또한 서로 별개의 것이 아니라는 깨달음이다.

나는 지금도 최 하사가 광기에 찬 눈길로 나에게 총구를 겨누던 순간을 뚜렷이 기억한다. 그때 느꼈던 그 말할 수 없이 커다란 공포도 마찬가지다. 하지만 또한 죽음을 각오하고 그의 앞에 마주 섰을 때 그 엄청난 공포가 사라지면서 거짓말처럼 마음의 평정이 찾아온 것도 분명히 기억하고 있다. 극도의 공포 뒤에 찾아온 그 거짓말 같은 평정의 순간을 어떻게 설명해야 할까?

놀라웠던 그 경험을 통해 나는 절망과 공포의 순간 속에 희망과 평정의 세계가 공존할 수 있다는 것을 알게 되었다. 즉 절망과 희망, 공포와 평화, 비겁과 용기는 서로 별개의 것이 아니라 동전의 양면처럼 함께 존재하는 것이란 사실을 말이다.

살면서 맞이하게 되는 수많은 선택의 순간에 동전의 어느 면을 취할 것인가는 각자의 몫이며 무엇을 선택하느냐에 따라 삶의 모습 또한 달라지게 될 것이다.

이후 사업을 시작하면서 나는 많은 어려움을 겪었고 막막한 절망감과 커다란 공포의 순간도 있었다. 하지만 이미 그 절망과 두려움 속에 함께 존재하는 희망과 평화의 세계를 경험으로 알고 있었기에 사업이 예상치 못한 어려움을 만나 위기에 빠졌을 때도 그 속에 함께 존재하고 있는 희망을 생각하며 좀 더 의연하고 대범하게 대처할 수 있었다.

꿈과 열정으로
시작한 사업

젊음에게 들려주고 싶은
창업은 용기다
/ 꿈과 열정으로 시작한 사업 /

/

살아생전에 정주영 회장은 늘 이렇게 말하곤 했다고 한다.
"해보기나 했어? 왜 해보지도 않고 못한다는 거야?"

/

군복무를 마치고 사회로
나는 2년간의 특전사 군복무를 무사히 마치고 1980년 6월 예비역 중위로 전역했다.

제대 후, 민간인의 눈으로 바라본 세상은 극도로 혼란스러웠다. 그 해 5월 광주에서 일어난 민주화 운동의 여파로 국내(또는 사회)에 준 전시상태에 버금갈 정도의 혼란과 살벌함이 감돌고 있었다. 대학에는 휴교령이 내려져 있었고, 서울에서도 연일 대학생을 중심으로 한 시민들의 시위가 벌어지고 있었다.

혼란의 와중에 나 또한 혼란스럽고 막막했다. 이제 더 이상 학생도, 군인도 아닌 나는 자신을 스스로 책임져야 할 사회인이었다.

그러나 무엇을 할 수 있을지, 무엇을 하고 싶은지 갈피를 잡지 못한 채였다.
사범대 출신으로 중등교사 자격증을 가지고 있었고, 입대 전 안성에 있는 모교에서 교생 실습까

젊음에게 들려주고 싶은
창업은 용기다
/ 꿈과 열정으로 시작한 사업 /

지 마쳤지만 교사가 되고 싶지는 않았다.

적성에도 맞지 않았고 그 보다는 내게 더 의미 있는 일을 찾고 싶었다.
상황에 떠밀려 아무 일이나 시작할 수는 없었다.

내가 정말 잘 해낼 수 있으면서도 의미 있는 일은 무엇일까?
그러던 중 어릴 적 내 꿈의 원동력이 되었던 기업인처럼 사회에 큰 영향을 미칠 수 있는 좋은 기업을 만들어 보고 싶다는 생각이 들었다.
그리고 그러기 위해서는 더 많은 준비가 필요했다.

내게는 군복무 중 장교 월급으로 재형저축에 들어 모은 100만 원 남짓한 돈이 있었다. 당시 서울에서 사업을 하고 있던 둘째 형 집에서 기거하며 나는 그 돈으로 한양대 행정대학원에 입학했다.

하지만 기대와는 달리, 진학 후 오래지 않아 대학원 공부가 내가 꿈꾸고 있는 '사업'에 그다지 큰 도움이 되지 않을 것 같다는 생각이 들었다. 대학원 공부는 내게 별다른 흥미도, 희망도 주지 못했다. 나는 미련 없이 단 1학기만에 대학원 학업을 포기했다.

그러나 창업에 대한 나의 꿈은 그 해 가을이 가고 겨울을 보내면서 더욱 깊어졌다.

'전쟁과 운전과 사업에는 장난이 없다' 라는 말이 있다.
그만큼 치열하고 위험하다는 뜻일 것이다.

장난이 없는 치열한 세계, 그 흥미로운 세계에서 멋지게 승부를 걸어보고 싶다는 열망 속에서 난 그 해를 보냈다.
그러나 꿈만 꾸고 있을 수는 없었다.

젊음에게 들려주고 싶은
창업은 용기다
/ 꿈과 열정으로 시작한 사업 /

학업이 길이 아니라면, 실전이 답이 될 수 있지 않을까?
기업을 경영하려면 기업을 알아야 한다. 기업에서의 실무경험과 기업조직의 역할을 이해하기 위해 나는 취직을 결심했다.

이듬해 봄, 나는 화승그룹 신입사원 모집에 지원했다. 소위 '서울의 봄'이 지나고 군사정권이 들어선 뒤에도 나라는 여전히 혼란스러웠다. 나라가 어수선한 탓에 대부분의 기업들이 신규 인력 채용을 기피하던 분위기였는데, '나이키' 제품을 OEM(주문자위탁생산) 방식으로 생산하던 화승은 서울에 새로운 대규모 사업 계획을 가지고 신규 인력을 채용하려 하고 있었다.

입사 지원서를 넣고 시험을 봤지만 자신이 없었다. 기업들의 인력채용 기피 현상 탓으로 경쟁률이 무려 1천대 1을 넘고 있었다. 사회 전반적으로 취업이 하늘의 별 따기만큼이나 어려운 시절이었다.

나로선 취업이 절박한 상황이었다. 형의 집에서 더부살이 하는 마당에 직업마저 없이 백수로 살 수는 없는 노릇이었다.
가만히 앉아서 기다리고만 있을 수가 없었다.

수소문 끝에, 마침 화승에서 인사를 담당하는 황 상무란 분이 고대 동문이란 사실을 알게 되었다. 나는 무턱대고 그에게 전화를 한 후 그를 찾아갔다. 다행히 처음 보는 후배를 그는 반갑게 맞아 주었다.

나는 내가 화승그룹에 반드시 필요한 인재란 사실을 적극적으로 피력했다.
"다른 지원자의 학벌이 체육학과 출신인 나보다 훌륭할지 모르겠습니다. 시험 성적 또한 그들이 나보다 우월할지도 모르겠습니다. 하지만 나는 태권도 유단자로서 건강한 신체의 소유자이며 특전사 장교로 복무하면서 수많은 어려움과 고통을 극복한 강인한 정신력과 뛰어난 리더십도 가졌습니다. 기업은 좋은 학벌과 학점을 가진 사람이 필요한 것이 아니라 일을 잘 할 수 있는 인재를

젊음에게 들려주고 싶은
창업은 용기다
/ 꿈과 열정으로 시작한 사업 /

필요로 하는 곳으로 알고 있습니다. 화승이 나를 선택해준다면 결코 실망시키지 않을 것입니다."
당당하게 열변을 토하는 나를 황 상무는 다만 빙그레 웃음 띤 얼굴로 말없이 바라보기만 할 뿐이었다.

나의 당돌한 행동의 결과였을까?
나는 1차 합격자 148명 가운데 한 명으로 합격했다.

하지만 더욱 큰 문제는 사장 면접평가 시험인 2차 시험이었다. 면접 시 평가될 외국어 능력 등에서 내가 1차에 뽑힌 명문대 출신 수재들을 이길 가능성은 희박했다. 그것은 부인할 수 없는 현실이었다. 하지만 매사 자신감을 잃지 말자고 스스로에게 다짐해온 나는 담담한 마음으로 면접을 준비했다. 나는 최선을 다할 것이고, 그렇다면 설사 시험에 떨어진다 하더라도 어쩔 수 없는 일이었다…

그런데 놀라운 일이 벌어졌다. 2차 시험을 보기도 전에 내가 화승그룹의 자회사인 동양화공의 영업부로 발령이 났다는 통지를 받았다. 1차 시험 합격자 가운데 적합한 인재를 우선 스카우트하는 형식이었는데 이상한 것은 2차 시험을 보지 않고 스카우트된 사람이 오직 나 하나뿐이었던 것이다.

의문은 입사한 후에 풀렸다. 그것은 전날 자신을 찾아와 배짱 좋게 자신을 채용해 달라고 요구하던 후배가 제법 마음에 들었던 황 상무의 배려였다. 그렇게 하여 나는 화승그룹 자회사인 동양화공의 서울사무소 영업부 사원으로 직장생활을 시작했다.

TIP 1. 벤자민 프랭클린의 13가지 덕목

1. 절제 : 배부르도록 먹지 마라. 취하도록 마시지 마라.
2. 침묵 : 자타에 이익이 없는 말을 하지 마라. 쓸데없는 말은 하지 마라.
3. 질서 : 모든 물건은 제자리에 두라. 일은 모두 때를 정해서 하라.
4. 결단 : 해야 할 일은 과감히 결심하라. 결심한 일은 반드시 실행하라.
5. 절약 : 자타에 이익이 없는 일에는 돈을 쓰지 마라. 낭비하지 마라.
6. 근면 : 시간을 낭비하지 마라. 유익한 일에 종사하고 무용한 행위는 끊어버려라.
7. 진실 : 사람을 속여 해치지 마라. 모든 언행은 공정하게 하라.
8. 정의 : 남에게 해를 주지 않으며 해로운 일을 해서도 안 된다.
9. 중용 : 극단을 피하라. 내게 죄가 있다고 생각하거든 남의 비난과 불법을 참으라.
10. 청결 : 신체. 의복, 주택에 불결한 흔적을 남기지 마라.
11. 침착 : 사소한 일, 보통 있는 일, 피할 수 없는 일에 침착함을 잃지 마라.
12. 순결 : 건강한 자손을 위해서만 부부생활을 하라.
    감각이 둔해지고 몸이 쇠약해지고 부부의 평화가 깨지고
    소문이 나빠지도록 해서는 안 된다.
13. 겸손 : 예수와 소크라테스에게서 배워라.

젊음에게 들려주고 싶은
창업은 용기다
/ 꿈과 열정으로 시작한 사업 /

결혼과 첫 직장생활

첫 출근을 앞두고, 나는 나의 꿈에 대해 다시 한번 생각했다. 비록 현재는 무일푼의 몸이지만 장차 멋진 기업을 내 손으로 만들고 경영할 것이다. 지금부터의 직장생활은 그 꿈을 위한 중요한 길잡이가 될 것이다. 나는 그 기간을 5년으로 정했다. 앞으로 5년 간 성실한 직장인이 되어 최선을 다해 배우고 익히고 경험한 후 나 자신을 위한 일, 사업을 시작할 것이다. 그것은 첫 출근을 앞두고 한 나 자신과의 약속이었다.

내가 입사한 회사는 산업용 유압호스나 큰 배가 접안 할 때 필요한 방충제 등을 생산하는 화학회사였다. 내가 담당한 일은 주로 해외간접수출 업무였다.

장차 기업 경영에 필요한 경험을 쌓기 위한 목표아래 시작한 직장생활이었기 때문에, 나는 내게 맡겨진 업무도 열심히 했지만 타 부서의 업무도 각별한 관심을 가지고 경험해보기 위해 노력했다. 회사 전체 조직의 생리나 시스템을 파악하려 노력하였을 뿐 아니라, 타 부서나 거래처 사람들과의 인적 교류관계를 넓히는 일에도 힘썼다.

그 가운데서도 인적 네트워크를 강화하는 일에 우선적인 관심을 기울였다. 입사 과정에서도 경험했듯이 사람들과의 좋은 관계 형성은 종종 자신의 능력보다 큰일을 이루는데 훨씬 더 유효하다. 그런 사실을 실증적으로 보여주는 기사가 있다.

"영국 BBC방송은 최근 미국인을 상대로 실시한 조사에서 친구가 많은 사람이 돈도 더 많이 버는 것으로 나타났다고 보도했다. 미국 학생 1만 명을 35년 동안 추적한 결과 학창시절 친구가 많았던 학생들이 나중에 더 부자가 됐다. 친구가 한 명 많아질 때마다 소득은 약 2% 증가한 것으로 집계됐다.

연구팀 관계자는 "직장도 사회적인 장소이기 때문에 관리와 조직에 적절한 사회적 기술을 가진 사람이 부자가 되는 것 같다"고 설명했다.

그렇다면 사회생활을 하는 데 이상적인 친구는 몇 명일까. 무조건 친구가 많다고 좋은 것은 아니다. 인류학자 로빈 던바는 적절한 친구 수로 150명을 제안했다. 150명은 다소 많은 것처럼 여겨질 수 있지만, 서로 사회생활을 하는 데 필요를 느끼고 친교를 쌓아야겠다는 의무감을 갖는 광의의 친구를 모두 합하면 이 정도는 된다는 것이다.

'절친한 친구' 5명이 핵심에 있고, 친지까지 포함한 '친한 사람' 10여명이 그 다음 순위에 위치한다. 이들 15명이 '중심 친구' 집단을 이루고, 그 밖에 130여명이 연결돼 한 사람의 사회 세계를 구성하는 셈이다."(「세계일보」)

나는 참으로 열심히 일하고 참으로 많은 사람을 만났다. 다른 사람들의 몇 배의 노력으로 직장생활을 하였다고 자부한다. 그리고 입사 5년이 되던 해, 나는 자신에게 한 약속대로 회사를 퇴사했다.

직장생활을 한 5년동안 업무를 통해 얻은 값진 경험 외에 내가 얻은 가장 큰 소득은 아내를 만나 결혼한 일이다.

군에서 제대하던 해 아버님께서 돌아가시고 이듬해 직장생활을 시작한 해에 어머님께서 세상을 뜨셨다. 이후에도 나는 계속 서울의 둘째 형 집에서 생활하며 직장에 다녔는데, 어머님께서 돌아가시고 나자 형님 집에서의 생활이 점차 불편해지기 시작했다.

형님은 그때 사업을 해 경제적으로 넉넉한 편이었지만 더부살이를 하고 있다는 생각에 늘 마음이 부담스러웠다. 그래서 바쁜 직장 초년병 생활 중에도 좋은 여자가 있으면 결혼해야겠다는 생각을 은연 중에 하게 되었다.

젊음에게 들려주고 싶은
창업은 용기다
/ 꿈과 열정으로 시작한 사업 /

지인의 소개로 아내를 만났다. 아내는 당시 강남의 한 초등학교 교사였다. 명동에 있는 로얄호텔에서 맞선 형식으로 처음 아내를 만났는데, 첫인상은 혈색이 다소 좋지 않고 피곤해 보였던 것으로 기억에 남아 있다.

아내는 충주 태생이지만 이사 와 서울에서 성장했고, 어려운 가정환경 속에서 공부해 교사가 되었다. 아내의 그런 말 때문인지 그녀의 다소 피곤해 보였던 모습에 나는 강한 동질감 같은 것을 느꼈고, 그녀가 어려운 환경에도 포기하지 않고 노력해 교사의 꿈을 이뤘다는 점이 무척 마음에 들었다. 초등학교 선생이니 틀림없이 심성도 고우리라는 생각도 했다.

세 번째 만나던 날 나는 아내에게 청혼했다. 맞선을 본 지 한 달 가량이 지난 후였다.
그날 이후부터는 거의 매일 데이트를 하며 열정적인 연애기를 보냈다. 그리고 만난 지 6개월 만에 우리는 결혼을 했다.

결혼식에 관한 한 가지 에피소드가 있다.
나는 오래 전부터 결혼을 한다면 교회 예배당에서 결혼식을 올리고 싶다는 생각을 막연히 갖고 있었다. 부모님이 독실한 기독교인이었던 탓도 있지만, 아내와 함께 하는 내 인생의 첫 시작을 성스럽고 경건하게 예배당에서 하고 싶다는 생각을 한 것이다. 하지만 문제는 내가 그때까지 교회에 다니지 않고 있었다는 사실이다.

내가 다니는 직장 가까운 곳에 '영락교회'가 있었다. 서울에서도 손꼽히는 큰 교회였는데, 고풍스러운 교회 건물도 내 마음에 들었다.

퇴근길에 나는 무작정 교회를 찾아갔다. 그리고 이 교회에서 결혼식을 올리고 싶다고 말했다.
나를 맞이한 목사님이 물었다.
"당신은 우리 교회 교인인가요?"

나는 아니라고 말했다. 목사님이 다시 물었다. "그럼 어느 교회 교인이십니까?" 나는 내 어머니가 아주 독실한 교인이었다고 대답했다.

돌아가신 나의 어머니는 참으로 열심히 새벽기도를 다니시며 나와 막내인 여동생, 두 어린 자식을 위해 간절히 기도했었다. 목사님이 다시 내게 교인이냐고 물었고 나는 교회에 다니지 않는다고 솔직히 대답했다. 하지만 꼭 이곳 예배당에서 결혼식을 올리고 싶다고 말했다.

목사님은 이곳 교인이 아닌데다 교회에 다니지도 않는 사람에게는 교회 결혼식을 허락할 수 없다고 말했다. 나는 포기하지 않고 끈질기게 간청했다. 아주 오래 전부터 이곳에서 결혼식을 올리겠다고 마음으로 결심해왔다고…

떼를 쓰다시피 하는 나의 간청에 심각하게 고심하는 표정이던 목사님이 학습이나 세례를 받은 적이 있느냐고 다시 물었다. 나는 다시 사실대로 대답했다.
"없습니다."
"그럼 우선 학습부터 받도록 하세요. 그런 다음에 내가 힘을 써 보겠습니다."

그 주부터 나는 영락교회 교인이 되어 학습을 받았다. 그리고 1982년 5월 나와 아내는 영락교회 예배당에서 결혼식을 올렸다.

다분히 억지춘향 격인 예배당 결혼식이었지만, 그것이 계기가 되어 나는 이후 일생의 신앙을 가지게 되었다. 결혼을 통해 나는 내 생애에서 가장 중요한 두 가지를 동시에 얻었던 것이다.

결혼을 하게 되었지만 신혼집이 문제였다. 당시 아내는 강남의 초등학교에 근무하고 있었는데, 학교에서 멀지 않은 곳에 개포주공아파트가 건립되어 막 분양을 하고 있던 때였다. 11평형과 13평형이 있었는데, 나는 아무래도 13평형이 더 마음에 들었다.

젊음에게 들려주고 싶은
창업은 용기다
/ 꿈과 열정으로 시작한 사업 /

하지만 문제는 돈이었다. 13평형은 당시 매매가가 650만 원이었고, 전세도 400만 원이나 되었다.

아내를 만나면서부터 나는 신혼적금이란 걸 들고 있었는데 이는 이름 그대로 신혼부부를 위한 적금으로 3개월을 적립하면 200만 원을 융자해 주었다. 거기다 둘째 형과 셋째 형이 아우의 결혼에 적지 않은 돈을 보태주었다. 아내와 나는 극단적으로 혼수를 줄이고 가진 돈을 더해 개포주공아파트 13평짜리 집에 신혼의 보금자리를 마련했다.

아내는 찬찬하고 섬세한 성격에 타인에 대한 배려가 몸에 배인 사람이었다. 그리고 무엇보다 가정의 가치를 소중하게 생각하는 사람이었다. 사업에 눈코 뜰 새 없이 바빠 집안일에 소홀할 수밖에 없었던 나를 대신해 아내는 지금껏 자신을 희생하며, 모든 점에서 부족하지 않은 가정을 가꾸어 왔다. 두 아이들이 다행하게도 모두 반듯하게 성장해준 것이 바로 아내를 본받아 그런 것임을 알고 있기에 항상 아내에게 감사하는 마음이 크다.

마침내 창업을 하다
내 사업을 하기 위해 직장생활 5년만에 퇴사했지만 사실 그것은 다분히 무책임한 행동이었다. 그때까지도 나는 내가 할 사업 아이템을 정하지 못하고 있었기 때문이다. 거기다 사업을 벌일 변변한 창업자금도 없었다.

나는 이때 나의 영원한 멘토이자 롤모델인 정주영 회장을 생각했다. 널리 알려진 바처럼, 그는 아버지의 소 판 돈 70원을 들고 무작정 상경하면서 그의 기업가로서의 삶을 시작했다. 처음엔 쌀가게의 점원으로 일했는데 3년만에 성실성을 인정받아 인수한 쌀가게는 대기업 현대그룹의 씨앗이 되었다. 또한 현재 세계 5위권의 (주)현대자동차도 작은 자동차정비공장으로부터 시작되었다.

젊음에게 들려주고 싶은
창업은 용기다
/ 꿈과 열정으로 시작한 사업 /

그에 비하면 나는 여러모로 더 나은 조건이 아닌가 하는 생각이 들었다. 필요한 것은 용기와 신념이었다.

살아생전에 정주영 회장은 늘 이렇게 말하곤 했다고 한다.
"해보기나 했어? 왜 해보지도 않고 못한다는 거야?"

맞는 말이 아닐 수 없다. 할 수 없다고 생각하면 정말 아무것도 할 수 없는 것이다. 정주영, 그는 여덟 번이나 크고 작은 실패를 겪었다. 그러나 그는 그때마다 불굴의 의지로 다시 일어섰고 끝내 성공을 거두었다. 파란만장한 정주영 회장의 삶은 한마디로 '불확실성에 치열하게 도전했던 기업가'로 요약될 수 있다.

당시의 나에게 필요한 것도 그러한 도전정신이었다. 산을 만나면 길을 내고, 물을 만나면 다리를 놓으면 된다는 정주영 회장의 철학을 배우기로 했다.

입사 전 자신에게 한 약속대로 사직서를 쓰고 화승그룹을 나온 후 당시 강남 대치동에서 작은 사업을 하던 둘째 형의 사무실에 책상 하나를 달랑 놓고 명색 사업이란 것을 시작했다. 회사명은 모교 이름을 따서 '고려산업'으로 했다. 내가 마침내 창업을 한 것이었다. 1985년 12월의 일이었다.

처음엔 손쉬운 대로 전 직장이었던 동양화공과 거래처 등의 인맥을 통해 그들 회사의 해외수출 일부분을 담당하는 일을 했는데, 기대와는 달리 장기적으로 이어지지 않고 일시적인 일거리에 그치고 말았다.

그러다 반월공단에 있는 알루미늄 휠 제조회사에서 구매 담당으로 일하는 친구의 조언으로 잡자재 납품 사업을 시작했다.

젊음에게 들려주고 싶은
창업은 용기다
/ 꿈과 열정으로 시작한 사업 /

잡자재 납품업이란 공사현장에서 필요한 용품이나 비품 요구가 있으면 청계천이나 구로공단의 공장 등을 다니며 값싸게 사서 납품하는 일이었다. 청소용품이나 공장보수용품 등이 주로 그런 품목이었는데, 조금 냉소적으로 말하자면 깨진 타일을 보수할 타일 몇 개, 공사에 필요한 철근 몇 가닥, 청소에 필요한 걸레자루 등이 필요하다면 그것들을 싸게 파는 청계천 시장이나 구로동 공장에서 구매해 납품하는 것이었다.

잡자재를 생산하고 판매하는 곳과 납품할 곳을 발로 뛰어 찾아 다녀야 해서 엄청난 발 품이 필요한 일이었다. 하지만 나는 내 사업을 하고 있다는 마음으로 피곤한 줄도 모르고 열심히 뛰었다.

그런 즈음에 고려산업이 첫 사원을 맞아들이게 되었다. 이후 내 사업의 가장 든든한 동반자가 된 이종홍이란 친구였다. 건강한 체격에 인상이 좋은 그는 지방대학을 졸업하고, 아버님이 교장선생님인 교육자 집안의 사람이었다.

후배의 소개로 처음 그를 만났을 때, 태도와 말에서 성실하고 근직한 기가 느껴져 한눈에 마음에 들었다. 하지만 변변한 사무실 하나 없이 더부살이를 하는 내가 무엇으로 그를 내 사람으로 만든단 말인가?

나는 현재의 열악한 회사 형편을 숨김없이 그에게 말했다.
당장의 장밋빛 미래를 약속하지도 못했고 거창한 비전을 제시하지도 않았다.

다만 그에게 이렇게 물었다.
"당신의 친한 친구들은 지금 뭐하고 있소?"

그는 공무원이 된 친구나 대기업에 입사한 친구, 당시 절정의 인기를 구가하던 증권회사에 입사한 친구들 얘기를 했다. 내가 말했다.
"우리 회사에 입사한다면, 지금은 당신이 그들보다 못하지만 5년 후에는 그 친구들과 비슷하게 될 것이오. 그리고 10년 후에는 당신이 훨씬 낫게 될 것이오."
이것이 내가 구상하고 있던 고려산업의 미래였다.

잠시 무언가를 곰곰이 생각하는 표정이던 그가 며칠 후 고려산업에 출근하겠다고 말했다. 아마도 내 말이 그의 마음을 움직인 것 같았다. 이후 그는 한동안 두 사람이 전부인 회사에서 나의 좋은 파트너가 되어 전국을 뛰어다니며 뛰어난 영업력을 발휘했다. 그의 노력은 고려산업이 훌륭한 기반을 다지는데 중요한 밑거름이 되었다. 내가 사람을 제대로 본 것이었다.

젊음에게 들려주고 싶은
창업은 용기다
/ 꿈과 열정으로 시작한 사업 /

내가 그에게 한 말은 결코 허황된 거짓이 아니었다. 실제 그는 그로부터 5년 후부터 이미 자신의 친구들보다 나아졌고 현재는 연 매출이 수백억 원에 이르는 규모 있는 중소기업을 경영하고 있다.

여담이지만, 그는 그 후 마음에 무척 들었던 자신의 아내가 결혼을 망설일 때, 입사 당시 내가 한 말과 같은 얘기로 아내의 마음을 얻었다고 웃으며 말했다.

"비록 지금은 경제력이 변변치 못한 남자를 만나 당신 친구들보다 못할 지라도, 5년 후에는 그들과 비슷해질 것이며, 10년 후에는 그들보다 월등히 나아질 것이오."

첫 사원을 맞이한 나는 그와 함께 한 묶음이나 되는 자재 카탈로그를 들고 회사와 공사현장을 찾아 다니며 본격적으로 영업을 시작했다.

피곤하고 힘든 일이었으나 우리는 열심히, 그야말로 발에 땀이 날 정도로 뛰었다. 이 일을 통해 나는 청계천 시장과 구로동 소재 공장들의 생리를 파악할 수 있었다. 그리고 온갖 다양한 소재들, 이를테면 특수강, 철강, 파이프, 철판, 우레탄, 플라스틱, 고무 등 수많은 소재를 경험하고 제품의 장단점을 이해할 수 있었다.

이는 이후 내가 시작한 교량 건설 사업의 연구와 제품 개발에 엄청난 도움을 주었다. 보잘것 없는 잡자재 납품사업을 통해 돈으로는 살 수 없는 귀한 지식과 경험을 얻게 되었던 것이다.

그런 한편 영업을 통해 점차 큰 공사의 자재 납품권을 따기 위한 노력을 기울이기 시작했다.

TIP 2. 성공을 위한 시테크 전략 20

1. 무슨 일이든 미루지 않고 지금 바로 한다.
2. 출퇴근 시 자동차 안에서 보내는 시간을 활용한다.
3. '나'에게 최고로 능률이 오르는 시간이 언제인가를 파악하고 그 시간에는 가장 소중한 일을 하라.
4. 낙관주의자가 되라.
5. 자잘한 업무들은 묶어서 한꺼번에 처리한다.
6. 정신 집중해야 하는 창조적인 업무는 행정적 업무와 분리시킨다.
7. 한번 손대기 시작한 일은 가능하면 끝을 낸다.
8. 사무실이나 책상의 레이아웃을 개선하고 특히 책상은 되도록 깔끔하게 잘 정돈한다.
9. 모든 업무상의 편지와 리포트, 수입명세서 등에 날짜를 기입하고 봤다는 표시를 해두는 습관을 기른다.
10. 계획을 짜고 우선순위를 정하는 데 시간을 할당한다.
11. 동료들이나 상관과 어느 일을 먼저 해야 할 것인가를 의논한다.
12. 타이트한 스케줄보다 느슨한 스케줄이 업무 완성률을 높인다.
13. 개인적인 대화나 전화는 최대한 자제한다.
14. 아이디어가 떠오를 때마다 써놓을 수 있는 비상노트를 꼭 갖고 다닌다.

TIP 2. 성공을 위한 시테크 전략 20

15. 스스로 업무에 대한 마감 시간을 정해 놓는다.

16. 머리와 체력도 리듬을 탄다. '10분의 휴식'은 리듬에 상향곡선을 그리게 해준다.

17. 약속시간에 일찍 도착하도록 항상 10분의 여유를 둔다.

18. 자신의 컨디션에 맞춰 중요한 일과 사소한 일에 분배해 처리한다.

19. 정말 원하는 것을 하기 위해 꾸준히 시간을 내려고 노력한다.

20. 지금 시간을 최대한 효율적으로 쓰고 있는가를 자문한다.

　　(미국 〈USA 투데이〉에서 인용)

젊음에게 들려주고 싶은
창업은 용기다
/ 꿈과 열정으로 시작한 사업 /

/
무에서 유를
창조한 도전

젊음에게 들려주고 싶은
창업은 용기다
/ 무에서 유를 창조한 도전 /

/

"새로운 사업을 창업하려는 젊은이들에게 가장 필요한 것은
자본이나 사업에 우호적인 환경이 아니라
창조적인 전략적 마인드라고 나는 생각한다."

/

무모한 도전(1)_첫 공사, 동아건설의 대구공항 복개천 공사

1987년의 일이다. 동아건설이 대구공항의 복개천 공사를 수주했다는 소식을 들었다. 우리는 동아건설이 수주해 신축하는 교량의 신축이음장치 공사를 따내기로 결정하고 전략을 짰다.

교량의 신축이음장치란 교량을 건설할 때 지반의 움직임이나 지진, 온도 변화 등으로 인해 교량 콘크리트가 수축과 팽창되는데 이를 견딜 수 있도록 하기 위해 교량의 이음부분에 설치하는 부품을 말한다. 고려산업의 당시 연 매출이 1, 2천만 원밖에 되지 않던 그때 교량신축이음장치 공사금액만 1억2천만 원이나 되는 매우 큰 규모의 프로젝트였다.

그러나 고려산업은 교량신축이음장치 공사에 대해서는 경험이 전무한 업체였다. 우리에게는 부품을 구입할 자금도, 거래처도 없었고 설치 기술조차도 없었다. 하지만 납품자격만 따내면 길이 있을 것 같았다. 그 길에 있는 장애가 극복할 수 있는 것인지 극복할 수 없는 것인지는 가보지 않고는 알 수 없는 일이 아닌가...

젊음에게 들려주고 싶은
창업은 용기다
/ 무에서 유를 창조한 도전 /

동아건설에서는 교량신축이음장치를 공사할 업체를 입찰 방식으로 선정했는데, 사전등록업체에만 입찰자격을 주는 것으로 제한을 두었다. 고려산업은 등록업체가 아니었다. 당시는 협성이란 업체에서 교량신축이음장치 공사를 거의 독점하다시피 하고 있던 때였다.

그런데 입찰 담당자를 통해 알아본 결과 예외의 경우가 있었는데, 공사 현장에서 추천하는 업체면 등록업체가 아니더라도 입찰이 가능하다는 것이었다.

그날부터 나는 틈만 나면 대구 공사 현장을 찾아가 사람들과 얼굴을 익혔다. 우선은 추천권을 가지고 있는 현장소장보다는 공사 현장의 공무담당자들과 가까워지려 했다. 그리고 그들의 우호적인 지원을 바탕으로 현장소장과도 친근한 관계를 만들려 노력했다. 그와 허물이 없는 사이가 될 정도로 나는 쉴새 없이 대구 공사현장을 찾아 다녔다.

그러한 노력 끝에 고려산업은 마침내 현장의 추천을 얻어낼 수 있었다.

긴장감 속에 맞이한 입찰일. 동아건설의 대구공항 복개천공사의 교량신축이음장치 공사업체로 고려산업이 낙찰되었다.

고려산업이 공사업체로 선발되자 업계뿐 아니라 공사 현장에서도 한결같이 깜짝 놀라는 분위기였다. 그들 생각으로는 입찰에 들러리로 참가할 법한 이름 없는 영세 업체가 오랜 경험과 규모를 갖춘 업체들을 누르고 선정되었기 때문이었다.

나는 처음부터 어느 정도 입찰에 자신감을 가지고 있었다. 함께 입찰에 응할 업체는 그 동안 독점적으로 공사를 수주해와 시공 가격이 높았다. 거기에 비해 고려산업은 작은 회사라 인건비 등이 낮고, 무엇보다 잡자재 납품업을 하면서 원자재 시장에 대해 쌓은 지식이 있어 충분히 부품 단가를 낮출 자신이 있었다. 가격 경쟁력 측면에서 나는 경쟁업체들을 앞선다고 생각했다.

젊음에게 들려주고 싶은
창업은 용기다
/ 무에서 유를 창조한 도전 /

하지만 내가 공사 입찰에서 경쟁업체들이 놀랄 만한 파격적인 입찰가를 써낼 수 있었던 데는 그보다 좀더 근본적인 이유가 있었다.

내게는 공사를 통해 수익을 얻는 것 보다 더 큰 목적이 있었다. 그것은 곧 공사경험이었고, 대기업 건설업체와 함께 하는 공사 실적이었다. 작은 신생기업 고려산업이 이 공사를 해낸다면 돈으로는 환산할 수 없는 회사 홍보효과를 거둘 수 있을 것이며 동시에 업계의 신뢰를 얻게 될 것이다.

그러나 현장에서는 막상 고려산업이 공사업체로 선정되자 의구심이 커지기 시작했다. 실상 그들이 고려산업에 대해 알고 있는 것이 별로 없었기 때문이다.

불안해진 현장 소장이 고려산업의 실적에 대해 알아보라고 지시를 내렸다. 그런데 제품 생산실적과 판매실적이 전무하다는 보고가 올라갔다. 더욱 심각한 것은 공사실적 또한 전무하다는 것이었다.

그날로 현장에 비상이 걸렸다. 고려산업은 공사 능력이 없는 업체이니 비록 입찰에서 이겼다고 하더라도 정식 계약을 하면 안 된다는 분위기가 지배적이었다.

그 날 밤, 나는 소주와 오징어를 사 들고 대구의 공사현장 숙소로 현장소장을 찾아갔다. 그리고 현재 상황을 솔직히 말하고 그의 도움을 청했다.

"고려산업은 신생 업체입니다. 비록 회사 규모도 작고 경험도 부족하지만 지금 성장기에 있는 기업입니다. 처음부터 어른인 사람은 없지 않습니까? '협성'같이 이 분야의 최고 업체도 처음부터 최고는 아니었고, 지금 우리 같은 시절이 있었을 것입니다. 장차 우리 고려산업이 협성보다 큰 회사가 되지 못하리라고 누가 장담할 것입니까? 그러려면 당신의 도움이 필요합니다. 고려산업은 반드시 당신이 만족하게끔 공사를 끝마칠 것을 약속하겠습니다. 아마도 당신은 오래지 않아 올바

젊음에게 들려주고 싶은
창업은 용기다
/ 무에서 유를 창조한 도전 /

른 기업, 올바른 기업가 하나를 자신이 발굴하고 키웠다는 자부심을 갖게 될 것입니다."
밤이 깊도록 나는 진심을 담아 간곡하게 그에게 계약이 성사되도록 도와줄 것을 청했다. 그로부터 얼마 후 고려산업은 대구공항 복개천 공사 교량신축이음장치 공사업체로 정식 계약했다.

하지만 정작 더 큰 문제는 공사 현장 사람들이 아니라 우리 쪽이었다. 이미 밝힌 바처럼 우리는 교량신축이음장치를 생산해본 적도 판매해본 적도 없었다. 거기다 시공을 해본 적도 없었다. 교량의 신축이음장치 길이만도 320m나 되는 큰 공사였다. 일단 부품을 구입하는 일이 급선무였다.

당시 교량신축이음장치는 동일벨트와 한국벨트, 화승 등에서 생산하고 있었다. 공사기간이 한달 밖에 남지 않은 상황에서 하루 업체생산량이 10여M로 물량 수급이 쉽지 않았다.

나는 생산 회사를 찾아가 구매 협상을 했다. 생산회사 모두가 납기일을 맞출 수 없다고 했고 설사 맞춘다 해도 먼저 선금이 필요하다고 요구했다. 막대한 선금이 있을 리 없었다. 나는 동아건설과 체결한 공사계약서를 보이며 구매대금을 후 지불하자고 설득했다. 다행스럽게도 업계에서 신뢰가 높은 동아건설과의 계약서가 힘을 발휘했다. 그래서 힘겹게 제품을 공급받기로 약속을 받아냈다.

제품 공급선을 확보하고 나서도 문제는 남았다. 아니 실은 더 큰 문제였다. 건설되는 교량신축이음장치를 설치할 수 있는 기술이 우리에게는 없었다. 기술이 없으니 현장에서 공사가 진행될 수 없었다. 어깨너머로 보고 배운 어설픈 기술로 따라 해보려 했지만 될 법한 일이 아니었다. 현장에서의 공사는 우왕좌왕 한 마디로 엉망이었다.

공사를 지켜보던 현장 소장이 한숨을 내쉬며 고개를 저었다. 이래서는 도저히 공기에 제대로 맞추지 못할 것이 명백해 보였다. 그렇다면 다른 공사를 다 마친다 하여도 준공이 될 수 없는 일이 아닌가? 발등의 불은 현장 소장에게도 떨어진 것이었다.
나는 공사를 중지시킨 뒤, 현장소장을 찾아갔다. 현장소장도 나를 불렀다. 우리는 동시에 같은 문제를 안고 마주앉았다. 나는 현실을 솔직히 인정하고 대책 마련에 그의 도움을 청했다.
소장은 협성을 끌어들일 것을 제안했다. 협성은 당시 전국 교량의 신축이음장치 공사를 거의 도맡다시피 하고 있던, 기술이 뛰어난 업체였다. 협성과 공사를 절반씩 나눈 다음 협성의 설치 기술을 배워서 공사를 진행하라는 것이었다.

선택의 여지가 없었다. 나는 그날로 동아 건설의 중재로 협성을 찾아가 하도급 형식으로 공사를 반반 나눠서 시공하자고 제안했다. 다행히 협성과의 대화가 잘 풀렸다. 공사가 다시 시작되었다.

협성이 자신들이 맡은 구간에 교량신축이음장치를 설치하는 것을 현장에서 우리 기술자들이 일일이 지켜보며 기술을 배우고 익혔다. 그런 다음 서툴게나마 우리도 교량 이음부에 부품을 설치하기 시작했다. 기술은 시간이 지나고 공사가 점차 진척되면서 빠르게 좋아졌다. 그렇게 우리는 기적처럼 맡은 구간의 공사를 기한 내에 무사히 마쳤다.

무모하기 짝이 없었던 도전은 성공적으로 마무리 지어졌다. 입찰부터 시공까지 가능해 보이는 일이 하나도 없었던 일이었다. 하지만 우리는 하고 싶다는 꿈을 가졌고 할 수 있다고 용기를 냈으며 해내기 위한 전략을 세웠다. 이를 통해 우리는 다른 업체에서 기적이라고 말한 일을 해냈다.

나는 이것을 전략의 승리였다고 평가한다. 전략은 상황에 맞는 방법을 새로이 만들어낸다는 점에서 하나의 창조행위이다. 그렇다면 그 창조는 어디서 나오는 것일까? 그것은 모방과 활용이다. 결코 무에서 유를 만들어내는 일이 아니다.

인생의 싸움에서 승리하는 사람은 창의적인 사람이다. 그 대표적인 예가 스티브 잡스와 빌 게이츠다. 그들의 창의성은 그들이 세운 세계적인 대기업 애플과 마이크로소프트가 입증하고 있다. 그

젊음에게 들려주고 싶은
창업은 용기다
/ 무에서 유를 창조한 도전 /

렇다면 그들의 창의성의 비밀은 무엇일까?

"애플의 스티브잡스와 마이크로소프트의 빌 게이츠는 결코 새로운 뭔가를 발명한 것이 없다. 그들은 아이디어를 모두 훔쳤다. 밖으로 나가 끊임없이 뭔가를 찾고(search) 최선의 것이 발견되면 가져와서 조합(combine)했을 뿐이다. 그것이 그들이 한 창조다. 스티브 잡스는 계속 찾고 최선의 것이 발견되면 취해서 조합했다. 그는 엔지니어가 아니다. 그는 전략가다."

미국의 컬럼비아대의 경영학 교수인 윌리엄 더간(William R. Duggan)의 말이다.
창조란 결코 과거와 단절된 채 무에서 유를 만드는 신(神)적인 행위가 아니다. 창조란 부지런히 찾고 조합하는 것이다. 전략 또한 마찬가지이다. 상황을 면밀히 분석하고 틈입할 틈새를 찾다 보면 결국은 상대를 공략해 쓰러뜨릴 길이 보이는 법이다.

동아건설로부터 수주한 이 공사가 이후 우리에게 준 이득은 실로 컸다.
고려산업이라는 작은 회사의 이름을 단번에 업계에 알렸으며, 동아건설이라는 메이저 건설회사와의 공사 실적은 이후 다른 공사 수주에 큰 장점이 되었다. 그뿐 아니라 또 하나의 커다란 소득은 우리도 교량신축이음장치 설치 기술을 가지게 되었다는 사실이었다.

하지만 그 모든 것보다 더욱 큰 소득은 우리가 목적하고 계획한 일을 우리 손으로 해냈다는 자신감이었다.

TIP 3. 성공을 부르는 8가지 생활 습관

1. 처음 만난 사람에게 쉽게 말을 건다
2. 대화를 즐긴다
3. 이름을 뿌린다
4. 세밀하게 듣는다
5. 인맥을 활용해 도움을 주고 받는다
6. 새로운 길을 두려워하지 않는다
7. 확실하게 마침표를 찍는다
8. 'NO'라고 하고 싶을 때에도 'YES'라고 말한다.

   (《행운을 부르는 신비한 습관》(수잔 로앤 저)에서 인용)

젊음에게 들려주고 싶은
창업은 용기다
/ 무에서 유를 창조한 도전 /

무모한 도전(2)_두 번째 공사, 고속도로 낙동강대교 확장공사
첫 번째 큰 건설 공사를 성공적으로 마무리 지은 후 우리는 자신감을 얻었다.

다음으로 우리가 관심을 가진 것은 경부고속도로 확장공사에서의 교량 공사였다. 당시 흥화공업이란 업체에서 고속도로 낙동강대교의 확장공사를 하고 있었는데, 낙동강대교의 신축이음장치 공사 시공업체를 찾고 있었다. '도로공사'에서 시행하는 고속도로 공사는 시공업체 선발과 공사에서 일반 공사와는 비교할 수 없을 정도로 까다로웠다. 무엇보다 공사 실적을 중요시했다.

우리는 동아건설과의 공사 실적을 앞세워 입찰했다. 첫 공사 입찰에서의 경험이 큰 도움이 되었다. 고려산업이 경부고속도로 낙동강대교 확장공사의 교량신축이음장치 공사를 수주한 것은 1987년의 겨울의 일이었다.

자신감을 갖고 시작한 일이지만 이때도 우리는 공사에서 엄청난 어려움을 겪었다. 한겨울 공사는 다른 계절의 공사와는 많이 달랐던 것이다.

원래 겨울철에는 도로가 얼기 때문에 포장 등 도로공사를 하지 않는 게 일반적이었다. 하지만 반드시 필요한 공사인 경우에는, 겨울에 적합한 도로건설 공사 방식으로 진행해야 했다..

1970년 7월에 개통한 경부고속도로를 처음 건설하던 시절에는 공사를 빨리 끝내려는 국가정책 때문에 한겨울에도 얼어붙은 땅에 휘발유를 뿌리고 불을 지펴 땅을 녹여가면서 공사를 한 적이 있었다. 그런데 이런 방식의 공사는 도로 부실을 낳아 개통 후 대대적인 도로보수와 천문학적인 도로보수비를 낭비하게 하는 원인이 되었다.

하지만 수주 당시에는 동계 공사의 문제점을 해결하는 나름의 공사방식이 정착되어 있었는데 우리에게는 그런 노하우가 없었다. 기술이 없으니 공사가 진척이 될 리 없었다.
더 이상 시간을 낭비하다가는 수백억 원을 들인 공사가 기한에 맞춰 개통되지 못하는 불상사가 생길 수도 있었다. 공사 현장에 위기감이 감돌았다.

나는 우리의 능력으로 해결할 수 없는 일이란 현실을 받아들였다. 그래서 동계 공사 경험이 있는 큰 회사에 하청을 제의했다. 하지만 이름을 밝힐 수 없는 이 회사는 나의 제안을 거절했다. 명색이 고속도로 공사에서 규모에서나 실적에서 가장 명성이 높은 자신들이 이름도 없는 보잘것없는 회사의 하청을 받을 수는 없다는 것이었다.

나는 '도로공사'의 도움의 받기로 했다. 문제의 심각성을 깨달은 도로공사가 조정에 나서서 강권하자 그 회사도 어쩔 수 없이 나의 제안을 받아들일 수밖에 없었다. 비교할 수 없이 작은 회사가 큰 회사에 하청을 주는 아이러니한 일이 발생한 것이었다.

이런 우여곡절을 거쳐 무사히 공사를 마칠 수 있었고 경부고속도로 확장공사는 제때에 맞춰 개통식을 할 수 있었다.

창업 초기의 무모한 도전과 시행착오는 우리에게 큰 위기와 큰 기회를 동시에 주었다. 자칫 공사를 제때 제대로 마치지 못하였다면 고려산업은 분수를 모르는 무모한 도전의 사례로 업계의 조롱을 받으며 다시는 공사 수주에 나설 수 없었을 것이다. 하지만 두 공사 모두 비록 많은 어려움과 우여곡절을 겪었지만 성공리에 마무리되었고, 이는 고려산업의 자랑스러운 실적이 되어 장차 크게 도약할 기회를 만드는 바탕이 되어주었다.

시작의 시점에서 보면 성공과 실패는 그 조건이 동일하다. 그런데 어떤 사람은 성공하고, 어떤 사람은 실패한다. 그 차이는 무엇인가?

젊음에게 들려주고 싶은
창업은 용기다
/ 무에서 유를 창조한 도전 /

두 사람이 산 정상을 오르고 있다고 치자. 한 사람은 자기 스스로에게 '나는 반드시 정상에 오르고 말겠다'는 결심을 하고 출발하고, 한 사람은 '일단 한번 올라보자'는 생각을 하고 출발했다면 그 결과는 어떨 것인가. 두 사람은 동일한 출발을 했지만 그 결과는 엄청난 차이를 보일 것이 분명하다. 그것은 바로 승부욕이다.

'반드시 정상에 오르고 말겠다'는 결심을 한 사람은 오직 산을 오르겠다는 생각만 하기 때문에 그 마음속에 오르는 행위에 대한 아무런 갈등이 없다. 자신의 에너지가 100% 모두 오르는 일에 모아지는 것이다.

그런데 '일단 한번 올라보자'는 마음으로 오르는 사람은 마음 속으로 정상에 오르는 일이 실패했을 때 이를 합리화하기 위한 핑계를 머릿속으로 만들기에 분주하다. 목표를 향하는 힘을 흐트러뜨리는 것이다. 그러므로 자신의 에너지를 산에 오르는 일에 전적으로 쓸 수가 없는 것이다.

동일한 조건에서 출발했지만 어떤 사람들은 성공하고, 어떤 사람들은 실패한다. 모든 조건이 동등해도 이기는 사람이 있고 지는 사람이 있다. 그것은 반드시 성공하겠다는, 반드시 이기겠다는 마음가짐, 승부욕이 좌우한다. 성공도 실패도, 이기는 것도 지는 것도 결국은 자신이 만드는 것이다.

무에서 유를 창조하다(1)_카라치-이스탄불 도로공사
어느 날 경제신문에서 파키스탄 카라치에서 터키 이스탄불까지 360Km 도로공사를 대우건설에서 '턴키 공사' 방식으로 수주했다는 신문기사를 읽었다. 1992년의 일이었다.

'턴키 공사'(turnkey project)란 시공자가 설계, 기기조달, 시공, 건설까지 도맡아 하는 일괄 수주계약 방식을 통한 공사를 말하는 것으로, 말의 원 뜻은 '공장을 가동하는 키를 돌리면 모든 설비가 가동되는 상태로 공사발주자에게 인도한다는 뜻'이다.

그 정도 공사면 교량이 많을 것으로 생각되어 접촉해 보았다. 모든 공사 결정권이 대우에 있는 까닭에 나는 대우를 찾아가 신축이음장치와 베어링을 공급하게 해 달라고 요청했다.

그러나 당시는 대우도 한국제품을 불신하던 때여서 코웃음을 치는 분위기였다. 당시 대우는 런던의 구매본부에서 프랑스 씨팩의 제품을 쓰고 있었는데 단일량으로 수백만 달러 규모의 엄청난 물량이었다.

전략이 필요하다는 생각이 들었다. 조사를 해보니 공사감리기관에서 최종 감리를 하는데, 그 감리기관이 호주였다.

나는 호주업체와의 협력을 통해 프로젝트를 성공시킬 수 있는 전략을 짰다.

호주는 평야지대로 교량이 적어 기업도 중소기업 규모였다. 인터넷으로 검색해서 호주 브리즈번 있는 'I.C.L COMPANY LTD. AGENT'라는 회사를 찾아냈다. 조금 더 조사를 해 이 회사가 감리회사와도 잘 알고 있다는 사실을 알게 됐다.

나는 호주 회사와 협력관계를 구축하되 우리가 갑이 되는 구조가 되어야 된다고 생각했다. 그들에게 종속되면 프로젝트를 성공시키기 힘들 것이라 판단했기 때문이다.

나는 ICL을 찾아가 말했다.
"이것은 턴키 공사입니다. 우리와 기술 제휴하면 100% 납품이 가능합니다. 나를 믿어보십시오."

젊음에게 들려주고 싶은
창업은 용기다
/ 무에서 유를 창조한 도전 /

수주 물량을 얘기하자 그들은 깜짝 놀라는 빛이 역력했다. 그들로서는 상상조차 하지 못했던 엄청난 물량인 것이었다. 우선 이렇게 나는 대우의 턴키 공사를 내세워 관계에서 우위에 설 수 있는 상황을 확보했다. 우리는 1993년 2월에 호주 ICL과 기술제휴를 맺었다.

그런 다음 ICL에 파키스탄으로 가서 감리회사 측에 우리와의 기술 제휴 사실을 알리라고 말했다. 그리고 ICL 대표와 우리 KR의 기술자가 감리회사를 함께 찾아가기로 일을 진행시켰다.

나는 대우건설을 찾아가 ICL과의 기술제휴 협정서를 보여주며 말했다.
"감리 회사가 호주 기업인 것을 알고 있습니까? 우리는 그들과 매우 친밀한 관계를 맺고 있는 호주 기업과 기술제휴 했습니다. 우리와 함께 일하면 감리 문제는 걱정하지 않아도 됩니다. 제품 단가도 지금 당신들의 거래선인 프랑스 회사보다 싸게 공급하겠습니다. 물론 감리회사의 품질 승인도 받아주겠습니다."

대우에서 나의 제안에 관심을 보이기 시작했다. 그렇다면 현장소장을 만나보라며 대우에서 주선해 주었다.

누구보다 적극적인 것은 ICL이었다. 엄청난 납품 물량을 약속 받은 터라 무슨 문제라도 생기면 자기들이 나서서 해결하겠다고 큰소리까지 치며 나섰다.

감리회사 쪽도 자국 기업인 ICL이 찾아오자 관심을 가지고 반기는 빛이 역력했다. 감리회사는 별다른 문제없이 납품 제품의 품질 승인을 해주었다.
일이 이렇게 진행되자 대우에서도 우리 KR을 재인식했다.

납품 계약이 성사되었다. 파키스탄의 카라치에서 터키의 이스탄불까지 360km에 달하는 도로에 있는 모든 교량의 신축이음장치와 베어링 납품권을 KR이 따낸 것이었다. 나는 ICL에 제품을 반반씩 납품하자고 제안했다. 한국에서 생산할 수 있는 제품은 한국 제품을 사용하고, 호주에서 수입하면 더 수익이 나는 부품은 호주에서 수입 하기로 결정했다. 그 물량이 엄청났다. 대한민국에서는 초유라 할 만큼 어마어마한 양을 해외에 수출하게 된 것이었다. 교량용 베어링은 우리가 생산하지도 않는 품목이어서 국내 업체에 아웃소싱을 통해 조달했다.

계약서를 받아 들고 나는 마음 속으로 '브라보!'를 외쳤다. 신문 기사 하나와 그 사업이 턴키 공사란 사실만을 가지고 도전한 일이 기적처럼 성사된 것이었다. 이 또한 전략의 승리가 아닐 수 없었다. 신은 도전하는 자에게 길을 열어준다는 것을 다시 한번 절감한 순간이었다.

나는 지금도 몇 백만 달러에 달하는 교량 부품을 프랑스가 아닌 국산제품으로 공사한 것에 대해 커다란 자부심을 갖고 있다.

무에서 유를 창조하다(2)_트라이업 공법과 트라이어스 공법으로 성산대교와 당인교를 보수하다

성수대교 붕괴 이후 사회적으로 교량의 안전에 대한 관심이 더욱 커졌다. 그러면서 자연스럽게 교량보수문제가 대두되었다. 교량을 계속해서 안전하게 유지하려면 안정적인 보수가 필수적이었다.

나는 교량보수사업에 진출하기로 마음먹었다. 성수대교 사고 이후 우리나라도 교량보수사업 시장이 크게 성장할 것이라 판단한 것이었다. 때마침 서울시에서 한강의 성산대교를 보수하려는 계획을 밝혔다.

당시 우리나라는 교량보수 기술이 매우 낙후한 상태였다. 대부분 몇몇 전문 건설회사에서 이를 독점하다시피 하고 있었는데, 교량보수공사를 할 때면 차량 통행을 막고 공사를 시행해 큰 교통대란을 야기하기 일쑤였다.

젊음에게 들려주고 싶은
창업은 용기다
/ 무에서 유를 창조한 도전 /

그런데 일본에서는 교량보수에 새로운 공법을 도입해, 차량 통행을 막지 않고도 시공이 가능하다고 했다. 나는 일본의 교량보수공사 현황을 살폈다. 당시 일본에서 보수기술기업으로 대표적인 기업이 '마쯔오엔지니어링'이란 회사였다. 그런데 이 기업이 우리나라의 한 대기업과 새로운 공법을 기술제휴하기로 하였는데, 계약 성사 직전이라고 했다.

나는 마음이 다급했다. 마쯔오와 기술을 제휴해 그들의 교량보수 기술을 습득하고 싶었다. 기회를 놓치고 싶지 않았다.

나는 곧 마쯔오에 편지를 보내 방문하고 싶다는 의향을 전했다. 방문을 허락한다는 답신이 왔다.

그리고 예전에 단신으로 '일본경금속'을 방문하였을 때처럼 마쯔오엔지니어링을 방문해 KR과의 교량보수에 관한 기술제휴를 제안했다.

반응은 부정적이었다. 마쯔오는 애초부터 한국 시장에 대한 관심이 크지 않았다. 선진적인 공법을 보유한 회사라 일본 시장만 하더라도 충분한 상황이었다. 다만 한국의 대기업에서 기술제휴를 간곡히 요청해와 계약하기로 하였다는 것이었다.

나는 그들에게 한국의 현황에 대해 얘기했다.
"당신들도 보도를 통해 접했을 비극적인 성수대교 사고 이후, 한국에서는 교량 안전에 대한 국민적 관심이 제고돼 교량보수 시장이 폭발적으로 성장하고 있습니다. 교량보수는 국민의 안전을 위해 반드시 필요한 사업입니다. 기업 이윤의 측면뿐 아니라 인도적 차원에서도 교량보수 기술은 양국간에 기술제휴가 반드시 필요한 분야입니다. 우리 KR은 교량난간 제작 기업이지만 현재 한국에서 꼭 필요로 하는 교량보수 분야에 진출해 교량안전 확보에 기여하려는 큰 기대를 가지고 있습니다. 그러려면 교량보수에 관해 선진적인 공법을 확보한 마쯔오엔지니어링과의 기술 제휴가 반드시 필요합니다."

나는 간곡하게 그들과의 기술 제휴를 요청했다. 그들은 내 말에 수긍한다고 말했지만 여전히 난색을 표했다. 이미 한국의 한 대기업과 구두로 기술협력에 합의했다는 것이었다.

나는 포기하지 않고 그들을 설득했다.
"기술제휴가 일회성으로 그칠 일이라면 그 대기업과 하는 것이 옳을 수도 있습니다. 하지만 장기적인 협력을 하려면 우리 KR과 하는 것이 더욱 유리합니다. 그 이유는 두 가지입니다. 첫째 한국의 그 대기업은 건설업이 사업의 핵심인 건설기업입니다. 해서 상대적으로 시장이 작은 파트인 교량보수사업에 그다지 적극적으로 노력을 기울이지 않을 것이 분명합니다. 그에 비해 우리 KR은 교량전문기업으로 교량보수사업에 전사적 차원의 노력을 기울일 것입니다. 둘째, 한국의 대기업은 기업구조상 의사결정이 늦을 수밖에 없습니다. 하지만 나는 KR의 대표로서 모든 사안에 대해 즉각적인 결정을 내릴 수 있습니다. 그러므로 우리 KR과 기술제휴를 하는 것이 마쯔오엔지니어링에도 더 유리할 것이라고 확신합니다."

말없이 내 말을 듣고 있던 마쯔오의 상담 파트너가 심각한 고민에 빠진 표정을 지었다. 잠시 뒤 그가 말했다.
"당신의 말을 잘 경청하였습니다. 하지만 이는 지금 당장 결정할 문제가 아닙니다. 일단 호텔로 돌아가 계시면, 임원회의를 해서 결정사항을 말씀 드리겠습니다."

나는 호텔로 돌아와 초조한 마음으로 그들의 전화를 기다렸다. 저녁이 되도록 그들로부터 연락이 없었다. 초조한 시간이 지나갔다. 6시가 지났을 무렵, 담당자로부터 연락이 왔다. 만나서 저녁이나 같이 하자는 것이었다.

식당으로 이동하는 차 안에서 담당자가 내 손을 잡으며 말했다.

젊음에게 들려주고 싶은
창업은 용기다
/ 무에서 유를 창조한 도전 /

"우리 마쯔오엔지니어링은 교량보수사업 한국측 파트너로 KR을 선택했습니다. 우리는 당신이 제시한 논리에 공감이 갔습니다. 무엇보다 우리는 당신의 말에서 강한 신념을 느꼈습니다."

나는 그 순간 정말이지 하늘을 나는 듯한 기쁨을 느꼈다.
한국으로 돌아온 나는 서울시를 찾아가 마쯔오엔지니어링과의 기술 제휴 사실을 밝히고 성산대교 보수공사 수주를 요청했다. 무엇보다 신공법인 트라이업(TRI-UP) 공법을 이용해 교량의 차량통행을 막지 않고 공사를 시행하겠다고 말했다. 이 새로운 공법의 공사에 서울시는 즉시 지대한 관심을 보였다. 관심은 공사 수주로 이어졌다.

교량보수에 관해 기술과 경험이 전무한 KR이 성산대교 보수공사를 따낸 것이었다.

1996년 4월에 성산대교 보수공사가 있었다. 우리는 이 다리의 베어링 교체작업에 마쯔오엔지니어링으로부터 습득한 트라이업 공법을 적용했다.

말했다시피 당시는 교량의 베어링을 교체 작업하려면 차량을 전면 통제해야 했다. 그러나 트라이업 공법을 이용하면 차량 통제 없이 교체작업을 할 수 있었다. KR은 성산대교에 교좌장치(베어링) 교체공사를 벌이면서 최초로 이 트라이업 공법을 적용했다. 국내에서 처음으로 차량 통행을 허용하며 베어링 교체작업을 완수한 것이었다.

이 공사는 대도시 교통문제와 연관되어 커다란 국가적 관심 공사가 되었다. 당시 대선에 출마 중이었던 김대중, 이회창 후보 등 유력 정치인이 현장을 참관하기도 했다. 트라이업 공법을 적용한 공사는 성공적이었다. 업계에서는 교량보수공사 기술이 전무한 KR이 성산대교 보수공사를 성공적으로 완수한 것에 대해 모두들 깜짝 놀라는 반응을 보였다. 그들은 모두 교량보수 공사에 있어서 KR보다 10-20년 앞선 기업들이었다. 이로써 KR은 교량보수공사 전문기업으로 확고한 지위를 확보했다. 이러한 성과를 바탕으로 우리는 이후 국내의 많은 교량보수공사에도 이 트라이업 방식을 적용해 공사를 시행했다.

강변북로 확장 공사 시에는 당인교를 새로 놓아야 했다. 그러나 당인교는 유속이 빠르고 수심이 깊어 한국에서 시행하고 있는 가설교량(가교)공법으로는 공사를 할 수 없어 큰 문제가 되었다.

당인교 공사는 빠른 유속과 깊은 수심을 견딜 수 있는 특수공법으로 교각을 10m간격이 아닌 40m 간격으로 늘려서 시공하는 것이 중요했다. 한국기업은 이런 기술을 가지고 있지 않았으며, 10m간격으로 시공할 경우 큰비로 인해 교각 사이에 폐 목재와 쓰레기 등이 걸리면 큰 피해가 우려되는 상황이었다.

행운이었을까? KR의 일본파트너인 마쯔오엔지니어링이 교각을 넓혀서 공사할 수 있는 트라이어스(TRI-AS)공법을 보유하고 있었다. 우리는 당인교 공사를 수주하기 위해 마쯔오엔지니어링과 협조하는 한편 서울시와 대림산업과도 긴밀하게 협상을 이어갔다.

젊음에게 들려주고 싶은
창업은 용기다
/ 무에서 유를 창조한 도전 /

그리고 KR은 또 다시 국내 최초로 일본 마쯔오엔지어링과 함께 트라이어스공법으로 당인교 가설교량을 건설했다.

교량공사에서 KR이 트라이업공법과 트라이어스공법을 처음으로 국내현장에 적용한 것이고 이후 많은 교량보수공사에 이 공법을 시행하였다.

이처럼 KR은 우리 사회에 필요한 건설기술 부분에 관심을 가지고 빠르게 접근해 성과를 거두어 나갔다. 또한 그 결과 우리나라의 건설기술을 한 단계 업그레이드 시키는데 일조하였다고 자부한다. 이렇게 KR은 기술기업으로 성장해갔다.

이렇게 성장하는 동안 KR은 마쯔오엔지니어링에 한국과 일본이 함께 합자한 전문보수회사를 만들자고 제안했다. 일본은 우리의 제안에 응해 이사회에서 안을 가결시키며 투자금까지 마련했다.

그런데 그런 와중에 기술전문기업으로 승승장구하며 성장을 거듭하는 기업이 굳이 일본과 합자회사를 만들 필요가 있는가라는 의문이 일부에서 제기 되었다.

그러나 신뢰를 중시하는 일본은 2년이 지났지만 여전히 약속을 지키려 노력하고 있었다. 이는 신뢰의 중요성을 인식하는 중요한 계기가 되었고 KR은 일본 마쯔오엔지니어링과 2004년 합자회사를 설립했다.

이러한 기술력을 바탕으로 KR은 1999년 12월 '토목인의 날 전문기술개발대상'을 수상했다. 1999년 5월에는 제34회 발명의 날 '석탑산업훈장'을 수상했고, 같은 해 7월에 지적 재산 건 400여 건을 확보하면서 나는 중소기업부문 '신지식인'에 선정되었다. 그리고 KR은 그 해 12월에 코스닥에 상장했다.

무에서 유를 창조하다(3)_강원랜드 메인 카지노를 밝히다

KR은 교량난간 제작으로 시작해 방호책 제작, 교량 신축이음장치, 교량 교좌장치(베어링) 분야로 사업을 확대해 나갔다. 분야마다 커다란 성과를 이루었지만, 머지않아 이들 시장이 포화될 경우를 생각해 나는 새로운 분야로의 사업 확대를 고민했다.

진작부터 나는 도시환경 분야, 특히 조명에 대해서 많은 관심을 가지고 있었다.

1997년 기술연구소가 설립된 뒤, 사업을 도시경관사업까지 확대하려면 도시 환경 시설물과 도로안전용품 분야를 아우를 디자인 연구소가 필요하다고 판단했다.

그래서 때마침, 일본에서 환경디자인을 공부하고 디자인 사무실을 운영하는 사람을 영입하고 그의 회사를 합병시켜 국내 1호로 환경디자인연구소를 설립했다.

연구소에서는 두 차례의 세미나를 개최했다. KR디자인 연구소가 한국토목학회와 공동으로 주관한 1차 세미나는 외국전문가를 초빙하고 서울시 공무원과 설계회사 직원들 다수를 초청해 개최되었다.

한국토목학회의 후원으로 2001년에 열린 2차 세미나는 국내의 환경디자인에 대한 인식을 바꾸어 놓는 계기를 만들었다. 연구소는 한강상 교량 조형 교명주 공모전 당선을 시작으로 2004년 킨텍스 스트리트 거리 환경 디자인 공모 당선까지 수많은 공모전 당선 작품을 만들어 냈다.

그 즈음에 지인으로부터 강원도 정선에 강원랜드가 건설되고 있다는 얘기를 들었다. 스몰 카지노가 먼저 건설되었는데 조명이 조잡하고 불량해 강원랜드에서 고민이 많다고 했다. 그래서 곧 개장할 메인 카지노의 조명은 입찰을 통해 업체를 선발한다는 것이었다.

젊음에게 들려주고 싶은
창업은 용기다
/ 무에서 유를 창조한 도전 /

위에서도 말했듯이 나는 도시 환경 가운데서도 특히 조명에 대해 관심이 많았다. 자연스럽게 강원랜드의 메인 카지노 조명 입찰에 관심이 갔다. 하지만 우리 회사엔 조명 전문가가 없었다. 그러나 욕심이 나지 않을 수 없었다. 우리나라 최초 내국인 카지노의 외관경관 조명이 아닌가 말이다.

항상 무에서 유를 창조해온 나였다. 나는 다시 한번 도전해 보기로 마음먹었다. 일본에서 환경기업에 다니다 우리 회사에 스카우트 되어 당시는 KR 디자인연구소 소장을 맡고 있던 채승우 소장을 불러 나의 결심을 전했다. 그는 일본에서 10년 정도 근무한 경력이 있고 전기용품 관련 일에도 해박했다.

우리는 면밀하게 전략을 짜기 시작했다. KR에 조명 기술과 전문가가 없으므로 일본에서 핵심 기술을 가져와 강원랜드 메인 카지노 조명에 도전해보기로 결정했다.

우리는 먼저 일본의 경관조명업체들에게 한국에 큰 프로젝트가 있는데 참여할 의사가 있는지 타진하는 편지를 보냈다. 일본 '다이코 조명'이란 곳에서 참여하고 싶다는 회신을 보내왔다. 다이코 조명은 도쿄대교 조명 설치 등 실적이 쟁쟁한, 일본에서도 상위권에 드는 큰 회사였다.

KR은 강원랜드 담당자를 만나 국내 조명의 문제점을 상세히 설명했다.
"강원랜드 스몰 카지노 조명의 문제는 설계와 설치가 다른 것에서 오는 불가피한 현상입니다. 국내업체엔 설계부터 설치까지를 아우르는 명확한 매뉴얼이 없으며, 그것을 중간중간 체크할 시스템이 없습니다. 하지만 일본 조명업체는 정확한 매뉴얼을 가지고 있으며 설치 이후 설계와 일치하는가에 대해 정밀하게 측정할 시스템이 갖추어져 있습니다."

그리고 다이코 조명의 자료와 기술자를 데려가 구체적으로 이를 입증시켰다. 당시 강원랜드 메인 카지노의 건설사는 대우건설이었다. 강원랜드와 건설사 쪽에서는 우리의 프레젠테이션에 대단히 흡족한 반응을 보였다. 하지만 그렇다고 하더라도 일본 업체에 조명설치 사업을 줄 수는 없다고 말했다.

발주처에서는 카지노 조명업체를 선정하기 위해 입찰을 하겠다고 말했다.

나는 발주처에 업체 선정을 입찰로 할 것이 아니라 공모전으로 할 것을 제안했다. 또한 공모전 참가 업체의 실적은 국내.외 실적으로 하자고 제의했다. 일본 업체까지 참여한 마당에 국내 실적만 따지는 것은 의미가 없지 않은가? 입찰기준을 국제적으로 하자…

발주처가 이에 동의하면서 업체 선정은 공모전 형식으로 바뀌었다. 그렇다면 우리 KR도 공모전에 참여할 자격이 생긴 것이었다. 우리는 국내 실적이 전혀 없는 기업이었다. 그래서 다이코 조명의 해외실적을 활용한다면 참여가 가능하리라고 본 것이었다.

우리는 다이코 조명의 실적을 등에 업고 공모전에 참여했다. 다른 업체는 모두 국내 대형 전문업체들이었다. KR과는 비교도 안 될 큰 기업이었다. 하지만 그들 또한 세계와 비교한다면 기술이 뒤떨어지는 군소기업에 불과한 터였다.

공모전 결과 KR은 최고점수를 획득하며, 국내 최고 조명기업과 함께 1차 업체에 선정되었다. 뜻밖의 결과에 국내의 조명업계가 모두 깜짝 놀랐다.

"KR은 조명 실적이 없는데 어떻게 선정되었지?"라는 말이 들려왔다. 그러면서 결국 최종 경쟁에서는 떨어질 것이라고들 예측했다.

2차에서도 우리는 일본 기술자를 동원해 프레젠테이션을 했다.

젊음에게 들려주고 싶은
창업은 용기다
/ 무에서 유를 창조한 도전 /

업계의 예측과는 달리 최종 승자는 KR이었다. 조명업 분야에 전혀 경험이 없고 실적도 없는 우리가 강원랜드 메인 카지노 외관조명 설치업체로 선정된 것이었다. 공사금액만도 13억에 달하는 큰 규모의 공사였다.

전기 기술자 한 명 없고, 조명 설계 기술자 한 명 없는 KR이 시공업체로 선정된 것은 완벽한 전략의 승리였다. 파트너십도 하나의 훌륭한 응용기술이 될 수 있다는 것을 업계가 깜짝 놀랄 사건으로 만들어 보여주었던 것이다.

당시에 비해 지금은 많은 정보가 공개되고 노출되어 있는 세상이다. 이럴 때일수록 사업가의 전략적 마인드가 필요하다. 상대방의 요구를 정확히 파악하고 분석하여 이를 주도 면밀한 전략으로 공략해 나간다면 자신의 약점이나 부족한 부분은 충분히 극복하여 희망하는 기회를 만들 수 있는 것이다. 새로운 사업을 창업하려는 젊은이들에게 가장 필요한 것은 자본이나 사업에 우호적인 환경이 아니라 창조적인 전략적 마인드라고 나는 생각한다.

젊음에게 들려주고 싶은
창업은 용기다
/ 무에서 유를 창조한 도전 /

/
운명적 만남과
KR의 성장

젊음에게 들려주고 싶은
창업은 용기다
/ 운명적 만남과 KR의 성장 /

/

"KR의 사명이 무엇인가. 함께 하는 기업인 것이다. 직원과 함께 하는 기업, 사회와 함께 하는 기업, 국가와 함께 하는 기업."

/

운명처럼 만난 [교량과 기초]

우여곡절 끝에 동아건설과 흥아건설의 공사를 성공시켰지만, 교량신축이음장치 공사란 엄밀히 말하면 부품을 사서 설치하는 수준의 일이었다. 나만의 것이라 할 기술도 없는 일이었고, 언제나 동일한 일의 반복이었다. 이후에도 제법 큰 규모의 공사를 수주해 시공했지만 만족감은 크지 않았다. 남의 것을 가져다 시공하는 일… 그때까지 내가 한 사업의 본질이 그러했다.

공사를 거듭하며 직원이 늘어나고 회사 외형은 커졌지만 그다지 기쁘지도 만족스럽지도 않았다. 어느덧 창업을 한 지도 5년의 시간이 흐르고 있었다. 나는 마음이 조급해지고 불안해졌다. 기업의 3요소인 생산과 기술, 영업 가운데 내가 가진 것은 영업뿐이었던 것이다. 나는 독자적인 생산 기술도 가지고 싶었고, 독보적인 시공 기술도 가지고 싶었다.

그간 공사를 통해 확보된 돈으로 시화공단에 대지 1천 평 규모의 공장 부지를 매입했다. 하지만 정작 무엇을 생산하는 공장이 될 지는 나 자신조차도 알 수 없었다. 다만 무엇이 되든 내 자신의

젊음에게 들려주고 싶은
창업은 용기다
/ 운명적 만남과 KR의 성장 /

독자적인 기술로 된 제품을 생산하고 싶었다. 그런 결심의 구체적인 실천으로 먼저 공장부지부터 마련하였던 것이다.

사실 공장이라 할 만한 것이 우리에게 아주 없었던 것은 아니었다. 창업 초기, 동아건설 공사 수주 후 공사 기술이 없어 지독한 어려움을 겪은 후 나는 현장 기술자가 있어야겠다는 생각을 하게 되었다. 그래서 일용직 근로자 가운데 성실한 사람들을 기술자로 양성하기로 했다.

신길동에 18평 규모의 대지를 빌린 다음 일용직 근로자들에게 취지를 설명한 후 기술자로 채용할 테니 월급 근로자로 일할 의향이 있느냐고 물어보았다. 월급이라고 해 봤자 일용직으로 한달 일할 때보다도 적은 금액이었다. 그래도 의향을 보이는 사람이 있어, 40대 중반의 진득하고 똑똑해 보이는 근로자 두 명을 회사의 현장 기술자로 채용했다. 신길동 공장은 이들이 기술을 익히는 실습장이자 공사 현장에서 필요한 부품을 보관하는 창고여서 얼핏 보면 철공소와 비슷한 모습이었다.

그 후 목동에다 임대 평수 100평 규모의 공장을 마련해서 설치 준비, 절단, 조립 등 간단하고 기초적인 부품을 손수 만들기도 했다. 하지만 아직 본격적인 공장이라 할 만한 제품을 생산하는 수준의 것은 아니었다.

그로부터 얼마 후 우연한 기회에 나는 내 사업과 삶에 큰 변곡점이 될 한 가지 일을 경험한다.

당시 나는 나만의 새로운 사업 아이템을 찾고 있었다. 사업을 유지해 가면서도 밤이나 낮이나 온통 그 생각뿐이었다.

그런 어느 날이었다. 1990년 초가을, 업무 차 청계천에 있는 거래처를 방문했다. 그곳은 교량용 신축이음장치를 취급하는 회사였는데, 잠시 사람을 기다리는 중에 응접 테이블에 놓인 잡지 한 권을 보게 되었다. [교량과 기초]라는 이름의 일본잡지였다. 일본어를 몰라 그저 무심히 잡지의

젊음에게 들려주고 싶은
창업은 용기다
/ 운명적 만남과 KR의 성장 /

페이지를 넘겨 보고 있었는데 편집이나 사진, 광고 등이 우리나라와는 달리 매우 신선한 느낌이었다. 교량 전문지인 탓에 잡지에는 각종 다리 사진이 많이 실려 있었는데 그 디자인이 우리나라의 다리와는 달리 매우 아름답고 견고해 보여 인상적이었다. 나는 그곳 여직원에게 부탁해 잡지를 복사해 회사에 가지고 돌아왔다.

그 후 바쁜 회사 업무로 그 잡지에 대해서는 한동안 잊은 채 지냈다. 그러던 차, 어느 날 외부 업무 중 신문에서 강원지역에서 버스가 다리 아래로 추락해 큰 인명사고가 났다는 기사를 접했다. 그 순간 나는 불현듯 그때 그 [교량과 기초]라는 잡지가 생각났다. 나는 회사로 돌아와 복사하여 제본한 그 잡지를 다시 찾아 들여다 보았다.

그때 번개 같은 어떤 깨달음이 찾아왔다. 바로 이 잡지가 내가 그토록 찾아 헤매던 문제의 해답을 간직하고 있다는 사실을. 나는 가슴이 떨렸다. 이것이다!

나는 내가 이 잡지를 보게 된 것이 결코 우연이 아니라고 생각했다.. 필연은 대개 우연의 모습으로 찾아온다. 잡지 [교량과 기초]는 나에게 찾아온 어떤 필연이 틀림없다고 생각했다.

나는 일본어를 아는 지인에게 잡지 번역을 부탁했다. 그리고 그 날부터 교량 전반에 대한 공부를 본격적으로 시작했다. 다시 한번 [교량과 기초] 잡지에서 확인한 것은 그들의 다리가 우리보다 월등하게 아름다우며 또한 매우 튼튼하게 만들어졌다는 사실이다.

하지만 나는 체육인 출신으로 토목과 건설에 관련된 지식은 많이 부족한 상태였다. 잡자재 납품업을 하던 시절 시장의 생

젊음에게 들려주고 싶은
창업은 용기다
/ 운명적 만남과 KR의 성장 /

리와 제품의 소재에 대해 지식과 경험을 쌓았지만, 전문 건설 영역에서는 어린아이 같은 수준이었다.

나는 '경영의 신'이라 불리는 일본의 '마쓰시타 고노스케'의 교훈을 되새기며 열심히 노력했다.

고노스케는 말했다.
"나는 세 가지 복을 가지고 태어났습니다. 첫째, 나는 가난했으므로 부지런하게 살았습니다. 둘째, 나는 허약했으므로 건강에 힘썼습니다. 셋째, 배움이 부족했으므로 세상 모든 사람들을 스승이라 생각하며 배우는데 주저하지 않았습니다."

그런 노력 덕분으로 그는 일본에서 굴지의 갑부가 되었고, 94세까지 장수하였으며, 뛰어난 경영 능력으로 '경영의 신'이라는 찬사를 받았다.

나도 또한 고노스케처럼 배움이 부족했으므로 토목과 건설에 관계하는 모든 사람들을 스승이라 생각하며 늘 배우려고 노력했다.

다리는 도로의 일부로 단순히 교통수단으로서의 기능도 갖지만 자연과 도시 환경의 일부인 조형물로서 심미적, 환경적으로도 중요한 의미를 갖는다. 역사적으로 인간이 만든 물건 가운데 실용 측면과 미적 측면에서 다리만큼 그 중요성이 큰 시설물도 드물 것이다. 그래서 옛날 로마 사람들은 다리를 '하늘과 땅을 연결하는 상징'으로 생각해 많은 다리들이 성직자의 손에 의해 건설되었다고 한다.

다리는 그 심미적, 환경적 중요성으로 인해 한 도시와 국가의 문화유산으로 대접받아왔으며, 많은 예술작품의 대상이 되기도 하였다. 영화 〈애수〉(원제 : 〈워털루 브리지〉), 〈퐁네프의 연인들〉을 비롯해 많은 영화와 문학작품 속에서 다리를 배경으로 사연이 만들어졌고, 많은 노래와 시가 다리를 찬양하였다. 다리는 한 도시와 나라의 귀중한 문화유산이며 그 자체로 예술품이었다.

그런데 당시 우리의 다리는 어떠했는가?

아름다움은커녕 교통의 기능도 제대로 수행하지 못할 정도로 낡고, 다리 폭이 지상도로보다 좁고 하중을 지탱하는 힘도 약해 위태로운 다리가 얼마나 많은가? 거기다 새로 만들어지는 다리는 미적 가치는 고사하고 그야말로 철근과 콘크리트의 단순한 결합물 그 이상도 이하도 아닌 구조물이 대부분이다. 뿐만 아니라 안전 면에서도 제 기능을 못해 전국에서 차량들이 교량 난간 밖으로 추락하는 사고가 빈발하고 있지 않은가 말이다.

Brooklyn bridge_United States of America

Vasco da Gama Bridge_Portugal

Tower Bridge_United Kingdom

Charles Bridge_Czech

젊음에게 들려주고 싶은
창업은 용기다
/ 운명적 만남과 KR의 성장 /

Chain Bridge_Hungary

Helix Bridge_Singapore

Rialto-Bridge_Italy

Anzac-Bridge_Australia

아름답고 튼튼한 다리, 도시의 환경을 돋보이게 하는 미적 가치를 지닌 다리, 사람과 차량이 안전하게 지나다닐 수 있는 다리를 만드는 일에 나는 내 사업의 목표를 두기로 결심했다.

하지만 우리나라 어디에도 그런 다리를 만들려는 노력을 기울이는 곳이 없었다. 나는 잡지 [교량과 기초]에서 훌륭한 다리의 실례를 보여준 일본 회사를 찾아가 보기로 마음먹었다. 가서 그들로부터 앞선 기술과 디자인을 배워야겠다고 생각했다.

TIP 4. 다양한 에너지 충전 방법

1. 신체감각 : 주 2-3회 강도 높은 운동을 한다.

2. 성취 : 미뤄뒀던 귀찮은 일을 처리해 성취감을 얻는다.

3. 파워 : 업무 성과를 높이도록 강하게 드라이브를 건다.

4. 타인의 인정 : 자격증을 획득해 업무 전문성을 인정받는다.

5. 영성 : 존경할 만한 위인을 역할 모델로 삼아 본받으려고 노력한다.

6. 사랑 : 친한 친구와 이메일, 전화 등을 통해 정기적으로 연락한다.

7. 의미 : 주위에 도움이 필요한 사람을 도와 기쁨을 얻는다.

8. 나만의 재미 : 주말 강좌 등을 통해 꼭 배우고 싶었던 그림 그리기 등을 한다.

    (서울백병원 스트레스센터 우종민(정신과) 교수)

젊음에게 들려주고 싶은
창업은 용기다
/ 운명적 만남과 KR의 성장 /

기회를 찾아 일본으로

막상 그렇게 마음 먹었지만 실은 막막한 일이었다. 나 자신 일본어도 모를뿐더러 일본의 교량전문 기업들과 연결될 수 있는 루트가 전혀 없었고, 도움을 받을 사람도 없는 처지였다.

나는 그때 현대그룹 정주영 회장이 현대조선소를 건립하던 때의 일화를 떠올렸다. 그는 단지 500원짜리 지폐 한 장과 큰 꿈을 향한 용기 하나로 영국 신용수출보증국에서 현대조선을 건설할 자금을 빌렸다.

사내라면 그만한 배짱으로 일해 볼 일이다. 나는 일단 부딪혀보기로 작정했다. '노력하는 자를 신은 버리지 않는다'는 서양의 속담을 믿어보기로 했다.

먼저 잡지 〈교량과 기초〉에 소개된 일본의 교량전문기업에 편지를 쓰기로 했다. 그 가운데 세 곳을 골랐는데, '일본경금속'과 '스미토모경금속', 그리고 '적수경금속'이란 회사들이었다.

나는 일본어를 아는 지인의 도움을 받아 성의껏 편지를 써 이들 기업으로 보냈다. 훌륭한 교량 시설을 만들려고 노력하는 당신의 기업에 큰 감명을 받았다. 나는 한국에서 교량 건축 사업에 종사하는 사람으로 당신의 기업을 방문하고 싶다…

그로부터 얼마 후 세 기업 모두로부터 방문을 허락한다는 회신이 왔다.
일본으로 가서 그들 기업을 방문해 그들의 앞선 기술과 디자인을 보고 배울 수 있는 길을 찾아야 했다.

일본어를 몰랐던 나는 궁여지책으로 일본에 거주하는 재일 한국인들의 조직인 재일본대한민국거류민단(在日本大韓民國居留民團)에 도움을 청하기로 했다. 민단에서는 통역을 도와주겠다는 답신을 보내왔다.

젊음에게 들려주고 싶은
창업은 용기다
/ 운명적 만남과 KR의 성장 /

나는 일본으로 날아갔다. 그리고 민단에서 나온 사람을 대동해 먼저 '일본경금속'을 찾아갔다.

'일본경금속'의 규모는 놀랄 만큼 컸다.. 막연히 나는 '일본경금속'이 교량 시설 부품 생산에 뛰어난 기술을 보유한 중소기업 정도로 생각하고 있었다. 그런데 막상 내가 찾아간 회사는 우리나라 대기업의 공장 규모와 비교해도 뒤지지 않을 만큼 컸다.

회사 유니폼을 입은 단정한 차림의 중년 남자가 나를 맞아주었다. 성의 있고 친절한 태도여서 어느 정도 마음이 놓였다. 나는 동행한 통역자를 통해 내가 그들의 회사를 방문한 목적을 설명했다.

"나는 〈교량과 기초〉란 잡지를 통해 '일본경금속'이란 회사가 교량 건축 시설물 분야에서 대단히 뛰어난 제품을 생산하는 훌륭한 회사란 사실을 알게 되었습니다. 나는 한국에서 교량 건축 시설물의 생산과 시공에 관계하는 회사 대표입니다. 일본과 한국의 교량 건축에는 대단히 큰 기능적, 디자인적 차이가 있음을 알고 있습니다. 나도 당신들 회사처럼 훌륭한 제품을 생산하고 싶은 생각에 의욕을 가지고 당신을 찾아왔습니다."

일본 담당자가 우리 회사의 연혁과 실적에 대해 물었다. 나는 사실대로 대답하고 덧붙였다.

"우리 기업은 한국에서도 작은 규모입니다. 하지만 나는 큰 포부를 가지고 당신의 회사를 찾아왔습니다. 기업도 인간처럼 생로병사를 겪는다고 생각합니다. 우리 회사는 이제 태어난 지 얼마 되지 않은 어린이 같은 기업입니다. 하지만 어린 시절이 없이, 처음부터 어른은 사람은 없습니다. 당신들의 기업도 한때는 나의 회사와 같은 시기가 있었을 것입니다."

젊음에게 들려주고 싶은
창업은 용기다
/ 운명적 만남과 KR의 성장 /

일본 담당자는 말없이 듣기만 하고 있었다. 내가 물었다.

"이곳을 찾아온 한국 기업이 있었습니까?"
"없었습니다, 한번도."
"그럴 것입니다. 우리 한국에는 아직 교량의 안전과 디자인의 가치에 대해 깊이 고민하는 기업이 거의 없다시피 합니다. 서울의 한강만 해도 많은 교량이 있습니다. 그런데 심심찮게 다리에서 강으로 자동차가 추락하는 사고가 일어납니다. 그 원인 가운데 가장 큰 요소가 교량 난간의 부실 때문입니다. 제대로 설계를 하지 않고 자재를 제대로 쓰지 않아서 그렇기도 하겠지만, 무엇보다 튼튼하고 안전한 교량 시설물을 설계하고 제작할 기술이 없기 때문입니다. 제가 이곳을 찾아온 이유가 바로 그것입니다."

내친 김에 나는 평소 내가 일본에 대해 가지고 있던 생각도 말했다.
"당신도 알다시피 한국과 일본은 어두운 과거를 가지고 있습니다. 서로에 대한 국민들의 인식도 긍정적이지 못합니다. 하지만 한일 양국은 미래를 보아야 합니다. 지금 두 나라에 필요한 것은 근린국가로서 상호협조 아래 함께 발전해나갈 미래를 설계하는 것입니다. 중요한 것은 과거가 아니라 미래이지 않습니까. 나는 우리 회사와 당신 회사의 협력이 한국과 일본의 발전적 미래를 향해 나아가는 데 도움이 될 것이라고 확신합니다. 우리와 협력해 기술교류를 한다면 일본인 특유의 미의식 즉 일본 문화를 한국에 알릴 좋은 기회도 될 것입니다."

나는 주눅 들지 않고 당당하게 보이려고 눈까지 부라리며 말했다. 일본인 담당자가 말했다.
"당신의 말이 맞습니다. 20년 전에는 일본 또한 교량에 대한 인식이 한국과 마찬가지였습니다."

그리고 그는 나의 젊은이다운 당당한 기백이 마음에 든다고 말했다.
잠시 뒤 그는 나를 대단히 넓고 좋아 보이는 회의실로 안내했다. 그리고 '일본경금속' 중역과 실무담당자 7, 8명이 들어와 나에게 차례로 인사를 청했다. 그들은 가져온 자료를 펼친 다음 내

앞에서 세세하게 자신들의 회사와 제품을 소개하기 시작했다.

나로선 참으로 가슴 벅찬 순간이 아닐 수 없었다. 그들의 말에 의하면 '일본경금속'은 당시 경관 부문의 연 매출이 200억 엔(한화 약 2천억 원)이나 되는 큰 회사였다. 나는 그들이 정성껏 챙겨준 회사와 교량 시설물 제품에 대한 각종 자료를 가지고 그곳을 나왔다.

그리고 처음 계획한대로 '스키토모경금속'과 '적수경금속'도 방문했다. 세 곳 모두 비슷한 상황이었고, 귀국할 때는 세 회사에서 챙겨준 자료를 한 보따리 가지고 돌아왔다.

TIP 5. 자신의 가치를 떨어뜨리는 언어습관

1. 상습적으로 고민거리를 말하고 다닌다.
   고민하더라도 입 밖으로 내색하지 말라. 고민이 되든 안 되든 어차피 당신이 풀어야 할 일이다. 당신의 잦은 푸념은 결국 '내 능력은 이것밖에 안 돼' 라고 광고를 하고 다니는 격이 되고 만다.

2. 모르는 것은 일단 묻고 본다.
   무엇인가를 누군가에게 묻기 전에 적어도 당신 스스로 해결할 수 있는 방법을 두 가지 이상 찾아보라. 질문은 그 뒤에 해도 늦지 않다. 질문의 절제 역시 당신의 능력을 인정받는 하나의 전략이 될 수 있다.

3. 이유를 밝히지 않고 맞장구를 친다.
   왜 좋은지에 대한 구체적인 이유가 서지 않는다면 남의 의견에 함부로 남의 의견에 함부로 동조하거나 맞장구 치지 마라.

4. 네 라는 답을 듣고도 설득하려 든다.
   동조와 허락을 받아낸 것에 대해서는 더 이상 설득하려 들지 마라. 애써 당신의 처지를 설명하고 재차 동조를 구하는 것은 적극적이지 못하고 소심하다는 인상만을 남길 뿐이다. 공감을 얻어야만 안심하는 습관을 버려야 한다.

5. 죄송해요 라는 말을 남용한다.
   죄송하다는 말은 자신의 잘못이나 실수를 인정하는 말이다.
   부정적 의견을 되묻는다.(다시 한번 확인)
   쓸데없는 감정 노출로 경계심을 살 필요 없이 결과로만 말하면 될 일이다.

   (백지연의 〈자기 설득 파워〉 中에서)

다리를 디자인하다

일본을 다녀온 후 나는 더욱 교량 사업에 사명감을 가지게 되었다. 우후죽순처럼 하루가 다르게 솟아오르는 아파트들로 인해 모든 도시들이 회색 빛으로 변하고 있는 때였다.

나는 교량만이라도 회색 도시의 일부분이 아니라 자체로 고유한 아름다움을 지닌 다리로 만들고 싶었다. 그리고 다리 난간의 부실로 인해 추락사고가 자주 일어나고 있는 현실에서 튼튼한 다리 난간을 제작해 아까운 인명사고를 막고 싶었다. 사회 공익적 측면에서도 반드시 해야 할 일이라는 생각으로 나의 결심은 더욱 굳어졌다.

나는 일본에서 가져온 교량 관련 자료를 회사 기술 담당자들에게 돌려보게 하고 함께 분석하고 연구했다. 디자인의 특징을 살피고, 기술의 차이점을 포착하려 노력했다.

그런 동안에도 교량 시설 자재를 하청 받아 설치하는 일은 실적이 쌓이면서 공사 수주량이 점점 늘어갔다. 그럼에도 나는 우리가 제대로 하고 있는지 의문스러웠다.

나는 다시 한번 일본의 교량 기술전문 회사를 방문하기로 결심했다. 이번엔 일본에 대해 잘 아는 선배에게 도움을 청했다. 선배는 일본주재 상사원으로 10년 가량 근무한 경험이 있는 사람이었다. 사정을 설명하고 부탁하자 선배는 직장에 휴가를 내고 나와 함께 일본 행에 동행해 주겠다고 흔쾌히 응해주었다.

이번에 나의 일본 행 목적은 그들과의 기술제휴였다. 나는 출국하기 전 그들과의 협상에서 예상되는 질문과 대답을 미리 작성해 내용을 숙지하고 연습하는 등 준비에 만전의 노력을 기울였다.

먼저 방문한 기업은 전에도 처음 방문했던 '일본경금속'이었다. 하지만, 우리 회사, 아니 한국의 기술 수준을 알고 있던 일본측은 기술의 유출을 우려하며 협상에 소극적이었다. 소극적이라기

젊음에게 들려주고 싶은
창업은 용기다
/ 운명적 만남과 KR의 성장 /

보다는 노골적인 거부의 인상이 짙었다. 대신 그들은 자신들이 생산한 부품의 독점 판매권을 줄 테니 한국에서 팔도록 하라는 제안을 했다. 하지만 환율과 물류비 등을 감안하면 그들 제품이 아무리 뛰어나다 하더라도 단가가 맞지 않았다.

이어 방문한 다른 회사들, '스미토모경금속'과 '적수경금속'과의 협상도 결과는 별다르지 않았다.
노력에도 불구하고 아무런 성과도 얻지 못한 채 귀국했다.

일본을 다녀온 후, 나는 자체적으로 제품 제작 기술을 개발해야겠다고 마음먹었다. 독자적인 기술이야말로 기업 성장의 동력축이며, 그것이 없다면 기업은 발육이 정지된 소인병 환자와 다를 바 없다는 것이 나의 생각이었다. 자신만의 기술 없이 어떻게 기업이 성장하고 다른 기업과의 경쟁에서 앞선단 말인가... 우리가 살 길은 오직 기술뿐이라고 생각했다.

잡지 하나를 길잡이 삼아 일본을 두 번이나 방문해서 교량 전문기업들의 성의 있는 영접을 받았고 다양한 자료도 받아왔지만, 여전히 막막했다. 나에게는 기술도 없고, 제품을 생산할 공장도 없고, 돈도 없었고, 사람도 없었다. 결론적으로 그들 기업과 기술제휴를 할 능력이 나에게는 없었다.

그러나 일본에서 내가 두 눈으로 직접 본 아름답고 견고한 교량, 지역과 역사의 특성을 잘 표현해내고 있는 디자인의 교량에 대한 감동과 그에 대한 갈망은 말할 수 없이 컸다. 나는 어떤 방법으로 이 교량난간 제작사업에 접근할까를 고민하기 시작했다.

일본 방문 시 나는 그들이 교량 기술에 관한 특허를 확보하는 일을 매우 중요시하고 대단한 열의를 보이고 있다는 사실에 강렬한 인상을 받았는데, 그 가운데서도 특히 디자인 특허에 대해 더욱 그러했다.

당시 나는 디자인도 특허가 될 수 있다는 사실을 새로이 알게 되었다.
기업이라면 고객이 스스로 찾아오게 만들 기업만의 고유한 능력과 자산이 있어야 한다고 생각한다. 자본과 인력과 기술이 부족한 내가 고객들을 강력히 끌어들일 나만의 자산은 무엇인가?

그런 점에서 현재의 내가 접근하기에 가장 용이한 것이 디자인 분야라고 판단했다. 대규모의 시설과 인력과 돈이 필요한 다른 분야와 달리 디자인은 아이디어만 있다면 비교적 적은 인력과 소규모 자본으로도 개발이 가능한 분야였다. 기술 연구 시스템이 갖추어지지 않은 우리 회사에서 교량 난간 디자인은 그나마 가장 쉽게 접근해 볼 수 있는 분야라 생각한 것이다.

그리하여 교량 제품 제작 기술의 첫 실마리를 디자인으로 잡았다.
앞에서도 말한 바처럼 다리는 교통수단으로서의 기능도 중요하지만 환경의 일부로서 미적 기능도 매우 중요하다. 세계의 많은 다리들이 많은 사연과 일화를 담은 채 예술작품으로, 문화유산으로 찬양 받는 것이 그 증거가 아니겠는가.

그러므로 다리 건설에 있어서 디자인은 교량의 안전 기능만큼이나 중요한 요소인 것이다.
내가 일본 기업들에게서 가장 인상적으로 보았던 것도 그들의 디자인에 대한 열정이었다. 우리나라에는 아직 교량의 디자인에 대한 개념조차 없었던데 반해 그들은 보다 아름다운 다리를 만들기 위해 기업의 사활을 걸고 있는 듯한 느낌을 받았다.

내가 [교량과 기초]에서 받은 첫 인상, 그리고 그들이 챙겨준 자료에서 가장 감탄하였던 것도 다름 아닌 디자인의 뛰어남이었다. 그들이 만든 교량의 난간은 대단히 멋지고 아름다웠다.

일본에서 돌아와 한국건설업계 특허 현황에 대해서 특허조사기관에 문의한 바, 우리나라 건설업계를 통틀어 9개의 특허가 출원되어 있었는데 교량과 관련해서는 전무한 실정이었다. 그런 형편이니 디자인 특허는 말할 것도 없었다.. 하지만 당시 일본은 2만여 개의 건설업 관련 특허

젊음에게 들려주고 싶은
창업은 용기다
/ 운명적 만남과 KR의 성장 /

를 출원해 놓고 있었다.

내가 우리 회사의 기술 개발의 첫 실마리를 디자인으로 잡은 것은 그런 까닭에서였다.
하지만 디자인도 막막하기는 여타 기술과 다를 바 없었다. 회사 안에 디자인 파트가 전무한 상황에서 전문가를 영입해 교량 디자인을 확보하는 일은 소요될 시간도 결코 만만치 않을뿐더러, 예상되는 성과도 낙관할 수 없는 일이었다.

나는 먼저 일본에서 특허를 받은 교량의 디자인을 모아 만든 5권의 책을 직원들에게 회람시켰다. 그리고 새로운 아이디어에 착안했다.

그것은 일종의 산학협동 방식이었다. 나는 약간의 상금을 내걸고 국내의 디자인학과 학생들을 대상으로 교량 난간 디자인 전을 공모했다. 관심을 보인 학생들에게 일본 교량의 난간 사진을 견본으로 보여주며 난간 디자인에 대해 설명해주었다. 그리고 그들에게 지역의 특성을 살리는 디자인 요소를 가지고 교량 난간을 디자인하라고 요구했다. 예상보다 많은 작품들이 공모전에 응모되었다.

나는 그 중 뛰어난 작품에 시상하고, 공고에서 밝힌 바대로 100여 개 작품의 디자인 소유권을 확보했다.

그러나 이들 작품으로 특허를 받는 일도 만만치 않았다. 특허 등록은 대기 변리사 사무소를 통해 특허 도면을 만들어 등록하게 되는데 1건당 특허등록비가 50만원으로 부담스러운 금액이었다. 비용절감을 위해 나는 특허도면을 그리는 사람을 파트타임으로 채용해 특허 출원을 했다. 그래서 변리사 사무소를 통할 때와 비교도 안 되는 적은 비용으로 특허 등록을 할 수 있었다. 당시 우리나라에는 교량 난간 특허가 단 한 건도 없는 상태였는데, 이로써 나는 국내 최초로 100여 건의 교량난간 디자인 특허를 보유하게 되었다.

젊음에게 들려주고 싶은
창업은 용기다
/ 운명적 만남과 KR의 성장 /

나는 이들 학생들의 작품을 기초로 하고 일본에서 가져온 러프 한 도면을 참고해 가며 교량 난간 설계도를 만들었다. 그런 다음 실제 설치한 느낌으로 컴퓨터 시뮬레이션을 한 후 국내 설계사무소를 방문하여 디자인의 중요성을 인식시키고, 우리의 디자인을 설계에 반영토록 설득했다.

또한 교량 난간 설계도를 들고 교량 시설 공사를 발주하는 관공서를 찾아가 주무 담당자에게 우리가 설계한 난간 디자인을 보이고 교량 난간 디자인의 중요성을 설명했다. 대부분의 주무자들은 기존의 단순한 교량과 비교해 월등히 멋지고 아름다운 우리의 다리 디자인에 큰 관심을 보였다.

그리고 그들 관공서의 주무자들은 자신들이 발주하는 교량 공사에 우리가 디자인한 교량 난간으로 공사하도록 주문했다.

그 후 우리는 교량 건설 공사를 발주 받은 건설사를 찾아가 관공서로부터 주문 받은 교량 난간 디자인이 우리 회사의 디자인 특허임을 밝히고 난간 제작을 우리에게 발주해 달라고 요구했다.

우리의 이러한 전략은 주효했다.
당시는 수도권 일대에 신도시가 대대적으로 조성되던 시기였다. 이때까지 교량의 난간은 대부분 몇몇 알루미늄을 직접 생산하는 기업에서 독점적으로 제작하고 있었는데, 디자인적인 요소가 전혀 반영되지 않은 제품들이었다. 감각적이고 새로운 디자인을 무기로 우리는 교량 난간 분야 공사 수주에 있어서 어느 경쟁업체보다 뛰어난 영업력을 보였다. 분당 신도시 교량의 70%를 고려산업이 수주했고 평촌, 일산 신도시의 경우도 그와 비슷한 수준으로 공사를 따냈다.

우리는 디자인 팀을 일본으로 파견해 일본 도시의 교량 디자인 경향을 다시 살폈다. 우리나라는 교량 디자인이 천편일률이라 할 만큼 거의 비슷했으나 일본은 그렇지 않았다. 도시의 전통과 지

젊음에게 들려주고 싶은
창업은 용기다
/ 운명적 만남과 KR의 성장 /

역 특성에 따라 각기 다른 개성의 디자인을 취하고 있었다.

우리도 이를 참고해 도시의 특성에 따라 개성 있는 디자인을 반영하기 위해 노력했다. 분당에는 일본의 신도시인 쯔꾸바 시의 디자인을 참고해 교량 난간을 제작했다.

신도시뿐만 아니라 대전 엑스포교량과 전시장주변의 모든 교량공사도 우리가 수주해 시공했다. 이제 우리회사가 난간의 설계와 제작 하청까지 담당할 수 있는 수준이 된 것이었다. 후발주자였던 고려산업이 불과 5년 만에 교량 난간시설물 시공생산업체로서는 최상위 회사로 자리 잡은 것이었다.

이러한 성과로 인해 이전까지 교량 난간을 독점적으로 제작해오던 알루미늄 생산업체들은 도태되었고, 이제는 오히려 고려산업에 단순 소재를 납품하는 기업으로 전락했다.

젊음에게 들려주고 싶은
창업은 용기다
/ 운명적 만남과 KR의 성장 /

TIP 6. 시간 관리의 네 가지 원칙

1. 중요한 것부터 하십시오.
   중심 가치와 철학을 기준으로 우선순위를 정해서 중요한 일에 의식적으로
   시간을 투자하세요.

2. 할 수 있는 것부터 하십시오.
   할 수 없는 일을 붙들고 고민하지 말고 그런 일은 할 수 있는 사람에게 넘기고 자신이
   할 수 있는 일부터 하는 것이 현명함입니다.

3. 자신으로부터 시작하십시오.
   자신에게 주어진 일이라면 자신을 중심으로 시작해서 다른 사람과 일이 연결되도록
   계획을 세울 수 있습니다. 그러면 다른 사람의 협력을 끌어내기 쉬워집니다.

4. 지금 하십시오.
   타이밍을 놓치지 않는 것이 중요합니다. 때를 맞추면 약간의 시간과 노력이면 되지만,
   때를 놓치면 불필요한 시간과 노력을 소모하게 됩니다.
   다른 사람의 도움을 받아서라도 때를 놓치지 마십시오.

   (이승헌의 '일지희망편지' 중에서 인용)

젊음에게 들려주고 싶은
창업은 용기다
/ 운명적 만남과 KR의 성장 /

획기적인 아웃소싱 시스템으로 공장을 신축하다.
나는 이제 우리도 생산을 담당해야 할 때가 왔다고 생각했다. 제품을 자체 제작, 생산해야 품질 관리가 제대로 이루어질 수 있기 때문이었다. 하지만 내가 생각한 제품 생산 방식은 그 당시의 일반적인 형태와는 아주 다른 것이었다.

1992년 초, 나는 사명(社名)을 '(주)KR'로 바꾸었다. 그리고 이전에 확보해둔 시화공단 내의 부지에 대지 1천 평, 건평 350평 규모의 공장을 건축했다.

공장이 완공된 다음, 그 동안 하청을 주던 교량 신축이음장치 제조회사, 난간 제조회사 등을 불러 모아 우리 공장 안으로 들어오라고 제의했다. 그들에게 각자 독립된 회사 체제를 유지하면서 우리 고려산업이 주문하는 제품들을 생산하는, 당시로서는 '소사장제'라 부르던 '아웃소싱 시스템'을 제안한 것이었다. 많은 업체들이 호응했다.

지금은 일반적으로 많이 운용되고 있는 시스템 방식이지만 내가 이를 도입하던 1992년 당시만 해도 아웃소싱 시스템은 상당히 선진적인 제품생산방식이었다. 공장에 하청업체들을 입주시켜 제품을 생산하게 하고, 우리 회사는 제품 설계와 품질 관리를 담당하는 이러한 시스템을 도입한 것은 무엇보다 생산의 효율성 때문이었다.

무엇이 효율적인가? 나는 생산보다 품질관리가 더 중요하다고 판단하였다. 그리고 더 중요한 일에 기업역량을 집중하는 것이 곧 효율이라고 생각했다. 기업이 장수하려면 품질관리가 무엇보다 중요했다. 생산관리, 품질관리, 연구개발, 영업 등이 우리 기업의 핵심역량이 되어야 한다, 그러므로 핵심 역량에 집중하자는 것이 내가 아웃소싱 시스템을 도입한 이유였다.

그런 이유로 우리 회사에는 공장은 있지만 생산직원은 없었다. 우리 직원들은 생산되는 제품의 관리만 맡을 뿐이었다. 비핵심적인 업무를 외부에 맡김으로써 생기는 인력과 자원의 여유를 핵

심적인 업무에 투입하는 것은 효율성의 측면에서 대단한 장점이 아닐 수 없다.

아웃소싱 시스템의 또 다른 장점은 위험 분산 효과였다. 생산과 관리를 분리해, 제품 생산을 위해 자사가 직접 투자하기에는 부담이 큰 장비나 인력 문제를 외부 전문업체를 활용함으로써 기업의 리스크를 최대한 줄일 수 있는 것이다.

이런 장점이 있음에도 불구하고 당시만 해도 동종업계에는 아직 그런 시스템을 활용하는 기업이 없었고, 모두가 공장을 가지고 고용 방식으로 제품을 생산하고 있었다.

나는 이런 아웃소싱 시스템을 활용하면서 제품뿐 아니라 이들 업체들 관리에도 많은 노력을 기울였다. 소사장과 그들 업체 직원들을 상대로 수시로 교육과 연수를 실시하면서, 기업의 장기적 비전을 함께 공유할 수 있도록 노력했다. 비록 업체는 달랐지만 한 공장 안에서 직원들이 동일한 작업복을 입고, 조회도 같이 하면서 모두가 한 회사란 의식을 갖고, 또 맡은 업무에 책임의식을 가질 수 있도록 이끌었다.

이러한 노력은 제품의 생산성을 높이고, 불량률을 낮추는 데 큰 효과를 가져왔다.

이후에 지역 대리점 시스템도 함께 실행했다. 지역 대리점 시스템이란 지방의 대리점에서 영업과 시공을 담당하고, 서울 본사에서는 제품의 설계와 생산만 하는 시스템을 말한다. 즉 본사는 교육과 제품 설계 등 소프트웨어를, 지역 대리점은 시공 등의 하드웨어를 담당하는 식이었다.

젊음에게 들려주고 싶은
창업은 용기다
/ 운명적 만남과 KR의 성장 /

내가 이렇게 영업과 시공을 지방에서 자체적으로 해결하도록 분리시킨 것은 지방에서 나오는 공사의 수익을 전부 서울로 가져가는 것은 불합리하다는 생각 때문이었다. 그래야 지역 경제에 도움이 되고, 지방 대리점도 발전이 가능할 수 있겠기 때문이었다. 전국 각지에 14개의 지역 대리점을 두어 서울 본사와의 연계 하에 자체적으로 영업과 시공이 가능하도록 했다. 이러한 시스템 구상은 기업은 자신이 속해있는 공동체에 기여해야 한다는 나의 기업관에서 비롯된 것이다.

아웃소싱 시스템을 통한 품질관리 강화로 제품의 품질 향상은 가져왔지만, 여전히 우리 제품을 포함해 국내에서 생산되는 교량 시설물의 품질에 의구심이 들었다. 나는 또 한번의 일본 출장을 통해 문제점을 확인했다.

우리나라에는 제품의 규정이 유명무실한 상태였다. 합금제품에 대한 KS 규정이 있었으나 심사 기준이 없어 실제로는 없는 것과 마찬가지였다. 하지만 일본은 이를 철저히 실행하고 있었다.

나는 직원들의 반대를 물리치고 제품이 규정에 적합한지를 시험하는 장비를 갖추었다. 상당한 투자가 필요한 일이었다. 그런 다음 아웃소싱을 준 업체들에게 철저하게 KS 규정에 적합한 제품을 생산해 달라고 주문했다.

시민들의 안전에 중요한 역할을 하는 교량 제품이 불량해서야 될 일이겠는가? 그렇다면 우선은 KS 규정에 적합한 제품을 생산하는 것이 그 첫걸음이 되어야 한다고 생각했다. 나는 우리 공장에서 생산된 제품이 KS제품 규정에 적합한지 한국공업표준협회에 인증 심사를 요청했다. 그 해, 우리 공장은 국내 최초로 KS제품 생산공장으로 등록되는 쾌거를 이루었다.

그러나 비록 우리 제품이 KS제품으로 인증을 받았지만 아직도 일본과는 기술 격차가 컸다. 기술력을 확보하고 축적하기 위해서는 회사 내 기술연구소 설립이 반드시 필요했다.

젊음에게 들려주고 싶은
창업은 용기다
/ 운명적 만남과 KR의 성장 /

사명을 짓다_ "우리 자녀가 선택하고 싶은 기업"
KR의 사훈은 "함께 하는 기업"이다. 종업원과, 사회와, 세계와, 하나님과 함께하는 기업. 이것은 또한 나의 경영의 모토이다.

아직 사명이 없었던 우리는 KR의 특색이 드러나면서도 KR인으로써 직원들이 자부심을 느낄 수 있는 멋지고 마음에 와 닿는 사명을 만들기 위해 직원들과 1박2일의 워크숍을 가졌다. 50여 명의 직원들이 참가했다.

서강대 경영학과의 교수를 모시고 특강 형식의 교육을 실시한 뒤, 우리 회사는 이랬으면 좋겠다는 내용의 개인의견을 직원들에게 칠판에 일일이 적게 했다. 그것들을 줄이고 합치고 해서 최종 3가지로 기업의 사명을 정했다.

그 첫째는 '도시문화를 창조하는 기업'이다.
둘째는 '기술로서 보답하는 기업'이다.
그리고 셋째는 '우리 자녀가 선택하고 싶은 기업'이다.

직원들과 함께 만든 KR의 사명은 나의 마음에 꼭 들었고 자랑스러웠다. 멋지지 않은가, 무언가 사회의 일원으로서, 기업으로서, 직원들로서 자부심이 느껴지지 않는가?
나뿐만이 아니었다. 사원들도 자신들 회사의 사명에 자부심을 갖게 되었다고 한결같이 말했다. 외부인으로부터도 사명이 감명 깊다고 말하는 것을 수없이 많이 들었다. 특히 셋째 '우리 자녀가 선택하고 싶은 기업'이란 사명이 크게 공감이 간다고 말했다. 더 의미 있는 일은 새 직원을 채용할 때 사명을 보고 KR이란 회사에 신뢰가 가 입사지원을 했다는 친구들도 적지 않았다는 것이다.

이후 나는 늘 마음으로 이러한 사명을 되새기며 사업 결정을 하였고, 새로운 사업 계획을 짤 때마다 사명을 바탕으로 계획을 입안했다. 말하자면 회사뿐 아니라 내 자신의 좌우명인 셈이다.

스스로의 공치사 같지만 우리 KR 직원들의 자긍심은 대단했다. KR은 해마다 20-50%의 기업성장을 이뤘다. 때로는 일 년치 목표를 전반기에 달성하는 실적을 올렸으며, 1백%의 성장도 드문 일이 아니었다.

직원들의 이직은 거의 없었으며 다른 회사에서 평하길 흡사 대표를 중심으로 한 직원들의 단합된 모습이 마치 '종교집단' 같다는 말까지 하기도 했다.

하지만 이러한 기업 문화는 KR의 높은 성장률 때문이 아니었다. 직원들 하나하나가 기업이 필요로 하는 일을 하고 사회가 필요한 일을 하고 있다는 자긍심을 가진데서 비롯된 것이다.

기술연구소를 설립하다.
기술연구소를 설립하려면 무엇보다 기술전문인력이 필요했다.

나는 기술연구소에 필요한 전문인력을 확보하기 위해 애를 썼다. 현재에도 그렇지만, 중소기업은 유능한 인재를 확보하는 일이 매우 어렵다. 석사급 전문 인력은 아예 엄두도 내 볼 수 없는 형편이었다. 나는 외부에서 인재를 수급하는 것을 포기하고, 내부적으로 기술전문인력을 키우는 쪽으로 방침을 바꾸었다.

이를 위해 사업 초창기 멤버 가운데 한 사람인 유문식(현 (주)브리텍 대표) 팀장(당시 직함)을 대학원에 진학시켰다. 그는 영업부 출신이지만 대학에서 토목을 전공한 이력을 가진 사람이었다. 오래 영업을 한 터라 제품의 생산과 시공까지의 공정을 모두 이해하고 있는 것은 그의 큰 장

젊음에게 들려주고 싶은
창업은 용기다
/ 운명적 만남과 KR의 성장 /

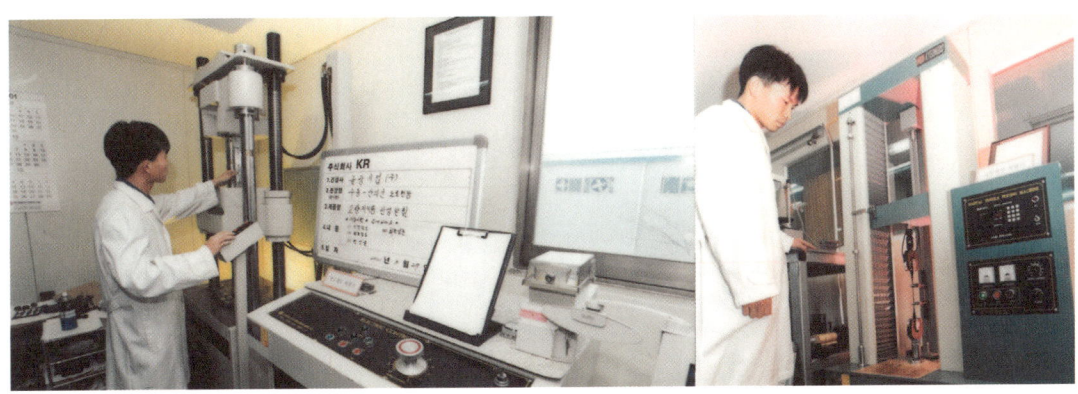

점이었다. 1993년, KR에 기술연구소가 설립되었다. 나의 기대대로 유문식 팀장은 그 후 우리 KR의 제품 연구의 중심으로 큰 역할을 해주었다.

유문식 팀장과의 인연은 다소 특이하다. 우리 회사의 첫 사무실이 된 대치동 둘째 형의 우유대리점 사무실 시절부터 그가 출근하였으니 아마도 사원으로서는 서너 번째의 인물일 것이다. 그를 처음 본 것은 우리 사무실로 자동차를 팔러 온 자동차 세일즈맨으로서였다.

누군가 지인의 소개를 받았다며 자동차 제품 카탈로그를 내놓았다. 응접 테이블에 마주 앉아 얘기를 나눠보니 사람이 단정해 보였고 말에 조리가 있어 영민한 사람으로 보였다. 전공을 물어보니 특이하게도 대학에서 토목을 전공하였다고 했다. 나는 그가 욕심났다. 인사가 만사란 말도 있지만, 기업만큼 좋은 인재가 필요한 곳도 없지 않은가?

나는 그에게 자동차 세일즈를 그만두고 우리 회사에 입사하는 것이 어떻겠냐고 넌지시 권해보았다. 반응이 즉각적이지는 않았다. 하지만 관심을 보이는 것 같았다. 그리고 그는 한 달 후에 우리 회사에 입사해서 영업과 실무를 두루 거치며 KR과 함께 성장했다.

젊음에게 들려주고 싶은
창업은 용기다
/ 운명적 만남과 KR의 성장 /

유문식 팀장을 중심으로 연구 팀을 꾸렸지만 가야 할 길이 멀었다. 초보적인 연구 인력으로 가까운 시일에 연구 성과를 내기는 어려운 일이었다.

나는 산학협동(産學協同) 연구방법을 생각했다. 그래서 국내 대학의 건설 관련 연구 노력과 성과를 살펴본 후, 카이스트(KAIST), 성균관대, 포스코와도 공동 연구를 진행했다. 교육계와 산업계 간에 인적, 물적으로 상호 협력하는 산학협동은, 산업계는 학계의 선진화되고 진보적인 연구 성과를 기업의 제품 생산과정에 도입하여 생산을 증대시키고 기술과 경영의 혁신을 꾀할 수 있다는 점에서, 대학은 산업현장의 실질적 문제와 해결능력을 교육과정에 반영하여 교육의 질적 향상을 유도할 수 있다는 점에서 상호 장점이 크다.

이러한 적극적인 산학협동 노력의 결과 KR은 100여 개의 특허를 확보하였으며, 이후 '발명의 날 석탑산업훈장'을 포상 받는데 에도 커다란 영향을 미쳤다.

국내 최초로 교량 방호책을 연구시공

교량은 안전이 디자인보다 중요한 분야다. 외국은 차량안전보호시설인 방호책을 교량에 별도 설치한다. 그러나 당시 우리는 이렇게 하지 않았다. 차량으로부터 사람을 보호하기 위해서는 도로와 인도 사이에 방호책이란 것이 있어야 한다. 방호책은 차량이 교량에 충돌하였을 때 충격을 흡수하고 차량을 진행방향으로 유도하여 2차 추돌을 방지하는 교량안전에 있어 매우 중요한 기술이다. 방호책이 있어야 차량 충돌시 차량의 충격을 완화해 보행자를 보호할 수 있기 때문이다.
나는 교량에도 그런 기능이 있어야 한다고 생각했다.

하지만 이는 그때까지는 어떤 기업도 하지 않은 일이었다. 버스가 추락하면 대량 인명 손실이 불가피했다. 꼭 필요한 일이지만 기존 인력으로는 엄두가 나지 않는 일이기도 했다. 나는 한번 우리가 해보자고 생각했다.

방호책을 만들려면 어떤 소재를 써야 하고 강선은 얼마나 사용해야 하는지 우리는 전혀 알지 못했다.

그래서 일본의 사례를 토대로 연구에 착수하기로 하였다. 방호책에 중요한 기술 중 하나가 알루미늄합금인데 이 기술은 방위산업체에서 유일하게 가지고 있었다. 우리는 업체를 설득하여 합금 소재를 공급받기로 약속 받았다. 그리고 이후 카이스트의 이인원 교수에게 교량 방호책 연구를 같이 하자고 제안했다.

이 교수는 적극적으로 호응해 주었고 방호책 연구는 국민 안전을 위해 반드시 필요하고 의미 있는 일이라며 KR이 사명감을 가지고 이 일을 한다는 것이 고맙고 자랑스럽다고 말했다.

이 교수는 거의 무상이라 할 정도의 아주 적은 연구비용만 받고 연구에 적극 동참했다. 우리는 차량 충돌 시 충격 흡수력 등을 컴퓨터로 해석하여 설계 기술을 개발했다. 그런 뒤 컴퓨터 시뮬레이터로 제품을 생산해 한강 대교에 설치했다. 이는 교량 방호책으로는 국내 최초의 일이었다.

그 후 우리는 '실물충격실험'도 계획했다. 이 실험은 한 모델의 실험에 억대의 비용이 드는 것으로 국가에서도 하지 않는 실험이었다. KR은 도로공사 연구소와 공동으로 실물충격실험을 해냈다. 이러한 노력의 결과로 교량의 안전을 확보하여 교량의 차량 사고에서 인명의 희생을 획기적으로 낮춘 것은 우리 KR의 큰 자부심이자 기쁨이었다.

내진제품 성공기

새로 만들어진 KR기술연구소에서 다양한 연구 성과를 내놓기 시작했다.
그 첫 작품이 교량용 내진 제품이었다. 내진 제품이란 지진 등의 사태에 진동 등을 흡수 완화해 건물의 안정성을 높이는 제품으로 미국이나 뉴질랜드, 일본은 이 내진 기술이 대단히 발달해 있

젊음에게 들려주고 싶은
창업은 용기다
/ 운명적 만남과 KR의 성장 /

었다. 그러나 국내에서는 대부분의 내진제품을 수입에 의존했는데 그 수입가가 대단히 비쌌다. 우리는 자체 기술로 이들 내진 제품을 개발하려는 목표를 세우고 연구에 돌입했다.

마침 내진제품 국산화를 모색하던 한 대기업의 기술연구소가 내진 제품의 구조해석을 해놓은 것을 알고 협력을 요청했다. KR연구소는 1차적 기술 비용을 지불하고 그 기술을 사와 제품 생산 연구를 시작했다.

그런데 기대와는 달리 우리 기술로는 실제 제품은커녕 샘플도 만들 수 없었다. 고무와 쇠를 접합하는 문제가 난제였다. 우리는 당시 프리랜서로 활동 중이던 고분자 학자인 한 공학 박사를 영입해서 고무기술을 확보했다.

하지만 그래도 샘플은 나오지 않았다. 이번엔 고무성형기술(모형 만드는 기술)이 문제였다. 나는 이 문제를 해결할 전문가를 찾아 나섰다. 남양고무에서 퇴직한 사람이 이 분야에 정통 하다는 것을 알고 그의 도움을 받아 교량용 샘플을 제작하는 데 성공했다.

하지만 샘플은 높이가 10센티미터, 폭이 20센티미터 제품이었는데 실제 제품은 적어도 높이가 1미터, 폭이 1.5미터는 돼야 했다. 자동차용이 종이컵 정도라면 교량용은 적어도 바스켓 정도는 되어야 했다.

우선 시설 투자를 해서 생산시설을 만들어 보았다. 그런데 샘플과는 달리 정작 제품이 나오질 않았다. 이번엔 금형 기술이 필요해서 다시 금형전문가를 찾아 나섰지만 그럼에도 여전히 제품은 나오지 않았다.

그때 그 대기업 기술연구소에 와 있던 일본인이 일본 브릿지스톤 회사 관계자를 안다며 일본에 가보라고 조언했다. 당시 그 일본인 기술고문은 일본 미쓰비시에서 퇴임한 후 국내 대기업 기술

연구소에 기술고문으로 와 있었다.

브릿지스톤 사에 방문을 문의하니 다행스럽게도 오라는 연락이 왔다. 나는 먼저 공장장과 함께 공장 견학을 했다. 그러나 전문 기술자 없이 한 공장 견학은 별 도움이 되지 않았다.

성과 없이 귀국한 나는 다시 한번 더 그 공장을 방문하고 싶었다. 그래서 의향을 전달했는데 재방문은 어렵다는 연락이 왔다. 나는 그 일본인 기술고문에게 다시 도움을 요청했다. 그는 공적인 방문이 어렵다면 사적으로 기회를 만들어보자고 했고, 고맙게도 얼마 지나지 않아 다시 브릿지스톤을 방문할 기회를 만들어 주었다.

두 번째의 방문에도 성과 없이 돌아올 수는 없는 일이었다. 나는 어떻게 해야 그들의 기술을 습득할 수 있을지를 깊이 고민했다. KR의 기술자들과 연일 회의를 했고 중요분야, 즉 금형 기술자, 고무 기술자, 성형 기술자, 생산 기술자 들로 팀을 구성했다.

준비한 바대로, 브릿지스톤을 방문한 우리는 필요한 분야에 대해 집중적으로 질문하면서 기술을 파악하려고 노력했다. 그런 준비와 노력 덕분에 우리 금형 기술자가 마침내 일본 기술의 노하우의 핵심을 캐치해냈다.

귀국 후, 이를 바탕으로 다시 연구에 매진한 결과 비로소 우리가 원하던 내진제품이 우리의 자체 기술로 만들어졌다. 우리는 모두 감격했다. 시간만 해도 2년 이상이 소요된 기나긴 여정이었다. 그때까지 세계에서 만들어진 내품제품은 불과 3,4개 제품뿐이었다.

우리는 이 내진제품 개발에 굉장한 자부심을 느꼈다. 더구나 내진제품 개발 과정에서 우리가 잡자재 사업 시절 익힌 소재에 대한 다양한 이해와 경험이 큰 도움이 되었기 때문에 그 자부심은 더 컸다. 현재의 작은 일이 후일의 큰 일에 바탕이 된다는 사실을 새삼 확인한 셈이었다.

TIP 7. 불행한 사람들의 10가지 특징

1. 변화시킬 수 없는 것에 대해 걱정한다 = 불행한 사람들은 "할 수 있었을 텐데", "했었을 텐데", "했어야 하는데" 등의 말을 하며 걱정이나 화나는 일을 되씹는 경향이 있다. 그러나 변화시킬 수 없는 일을 걱정하는 것은 중요한 일이 아니다. 대신 실수로부터 배우고 다음에는 더 잘하도록 노력하는 게 중요하다.

2. 쉽게 포기한다 = 불행한 사람들은 도전에 직면했을 때 쉽게 물러나는 경향이 있다. 도전에 맞서 강력하고 꾸준한 자세를 보여야 좋은 결과를 얻을 수 있다. 포기하면 패배감만 남을 뿐이다. 결과에 상관없이 자신감을 가지고 도전에 맞서야 한다.

3. 운동을 하지 않는다 = 운동은 신체와 정신 건강에 수많은 혜택을 준다. 운동을 하면 할수록 더 건강한 삶을 살며 자신 스스로에 대해 더 좋은 감정이 생기게 된다. 운동을 배제한 채 앉아서 생활하는 시간이 길면 기분과 건강, 행복에 부정적 영향을 미친다.

4. 성취 불가능한 목표를 세운다 = 목표를 세우는 것은 중요하다. 목표를 정해야 성취가 가능하기 때문이다. 하지만 그 목표가 비현실적이거나 도달할 수 없는 것이라면 문제가 발생한다. 자신의 능력에 맞춰 작지만 성취 가능한 목표를 세우는 게 중요하다. 목표를 제대로 혹은 초과 달성했을 때의 기분이란 말로 표현할 수 없을 정도로 좋을 것이다.

5. 건강에 좋지 않은 음식을 자주 먹는다 = 대부분의 사람들은 먹는 즐거움을 원한다. 하지만 먹고 싶은 대로 다 먹어서는 안 된다. 불행한 사람들은 습관적으로 먹고 싶은 것을 마구 먹는 경향이 있다. 건강에 좋은 음식을 먹어야 기분도 좋아지고 에너지를 끌어올리며, 신체 건강도 향상시킬 수 있다.

TIP 7. 불행한 사람들의 10가지 특징

6. 잠을 충분히 자지 않는다 = 잠은 필수다. 얼마나 잘 잤느냐에 따라 다음날 행복감과 생산성에 영향을 미친다.

7. 자신의 장점이 아니라 단점에만 집중한다 = 사람들에게는 다 약점이 있다. 중요한 것은 장점을 수용하고 나쁜 것에 초점을 맞추지 않으려고 노력하는 것이다. 자기개선은 물론 중요하다. 하지만 불행한 사람들은 자신의 긍정적인 이미지보다는 약점이나 단점에만 머무는 경향이 있다. 자신의 약점이 스스로를 묶는 족쇄가 되지 않도록 해야 한다.

8. 소셜 미디어에 사로 잡혀 있다 = 불행한 사람들은 소셜 미디어에 너무 사로 잡혀 있는 경향이 있다. 자신이 소셜 미디어를 통해 다른 사람들에게 어떻게 비쳐질 것인가에 대해 너무 걱정을 많이 하기도 하고 이 때문에 자기 자신을 바라볼 때에도 부정적인 영향을 받는다.

9. 남에 대해 험담을 하거나 부정적인 말을 한다 = 불행한 사람들은 자신이 잘 되기 위해 다른 사람들을 폄훼하는 경향이 있다. 하지만 이런 시도는 잘 이뤄지지 않는다. 오히려 남을 더 올려줄 때 더 큰 기쁨이 온다.

10. 용서하기를 거부한다 = 불행한 사람들은 원한에 사로잡혀 있는 경우가 많다. 하지만 마음 속에 있는 것을 다 내려놓고 자신과 다른 사람에게 용서를 제공할 때 자유와 평화가 찾아온다.

《팝슈가닷컴(popsugar.com)》 / 〈코메디닷컴〉에서 재인용)

젊음에게 들려주고 싶은
창업은 용기다
/ 운명적 만남과 KR의 성장 /

산업자원부 환경전문회사 1호 이레환경디자인연구소

KR은 교량난간 제작으로 시작해 방호책 제작, 교량 신축이음장치, 교량 교좌장치(베어링) 분야로 사업을 확대해 나갔다. 이 과정에서 550여개가 넘는 특허와 실용신안, 의장등록, 디자인등록을 하였다. 또한 제품의 개발과정에서 그보다 더 많은 디자인변경이 이루어졌다. 그러나 KR이 시공한 수 많은 교량을 바라보며 무엇인가 아쉽다는 생각이 들기 시작했다. KR의 교량난간의 디자인은 아름다운데 교량과 어울리지 않는다거나 혹은 교량의 전체적인 디자인은 좋은데 주변의 경관과 조화롭게 보이지 않았다. 부끄러운 일이었다.

디자인은 제품 하나로의 아름다움도 중요하지만 그보다는 전체와 조화를 이루고 주변환경에 자연스럽게 어우러지는 것이 더 중요하다. 이대로는 안되겠다는 생각이 들었다.

나는 일본에서 디자인을 전공하고 조명회사에 다니던 채승우를 불러왔다.
그를 영입하고 1년이 지나서 그 동안 자회사 형식으로 도시 디자인 업무를 진행해오던 '이레 환경연구소'를 완전히 합병하면서 KR은 도시경관 분야에 본격적으로 진출했다. 채승우가 소장 직을 맡았다. 이레 환경연구소는 국내에서 산업디자인전문회사 1호로 등록된 회사였다.

연구소는 2003년 한강상 교량 조형 교명주 공모전 당선, 울산시 교육청사 경관조명 공사 공모전 당선, 가로환경디자인 개성표준 디자인 및 시범가로 설계 공모전 당선, 그리고 2004년 킨텍스 거리환경 디자인 공모 당선 등 많은 성과를 냈다.

또한 전국지방자치단체에서 공모하는 환경디자인, 터널조명공사, 환경디자인 설계 등에 응모하여 설계를 맡았다. 그리고 한국토목학회와 공동으로 세계유명학자를 초청하여 대규모 세미나를 개최하는 등 도시경관디자인의 사회적 인식제고에 노력을 기울였다.

나는 한국에서 최초로 환경디자인연구소를 설립하였고 환경디자인을 산업에 적용하였다.

사업가에게 돈을 버는 일은 중요하다. 그러나 이에 못지 않게 중요한 것은 사회에 공헌하는 것이다. 나는 환경디자인이라는 새로운 분야를 한국에 소개하고 적용한 최초의 사업가라는 것에 자부심을 느낀다.

해외시장 개척기(1)_중국

국내 사업이 비교적 안정적으로 자리를 잡으면서 나는 해외 진출을 구상했다. 해외 진출을 한다면 가장 먼저 어디를 타깃으로 삼을 것인가를 고심한 결과 지리적으로 가깝고 시장이 큰 중국이 우선적으로 떠올랐다.

그러던 중, 한 교량 관련 전시회에서 중국 조선족 출신 인물을 만나게 되었다. 나는 그에게 중국 진출 의사를 밝혔다. 그리고 중국의 기술 수준을 알지 못하니 중국에서 가장 선진 기술을 가진 기업을 소개해 달라고 요청했다.

1992년, 나는 시장 조사차 중국을 방문했다. 당시는 중국으로 바로 가는 노선이 없어 홍콩을 경유해야 했다.

상해에 소재한 '(주)팽포고무'와 '성도신진현기계제작소' 두 곳을 방문했다. 팽포고무는 교량신축이음장치를 만드는 기업으로 동제대학과 기술협력관계에 있었는데 사회주의 국가라 기술의 산학협동이 잘 되고 있었다.

동제대학은 상해에 있는 국립종합대학으로 토목과 교수만 120명이나 되는 대학으로 건설 방면에 굉장한 관심을 기울이고 있다는 느낌을 받았다.

당시 한국에서는 신행주대교가 붕괴되어 큰 소동이 벌어졌을 때였다. 상해에도 신행주대교와 같은 공법으로 건설된 남포대교가 있었다. 신행주대교 보다 훨씬 큰 다리였다.

사실 신행주대교의 핵심설계는 외국에서 하고 우리는 설치만 담당했다. 그런데 남포대교는 설계, 설치 등을 모두 중국의 자체 기술로 시행한 것이라는 사실을 중국 방문에서 처음 알게 되었다 우리보다 그들이 기술의 우위에 있었다. 다만 교량신축이음장치 하나만 독일에서 수입해오고 있었는데, 한 쪽에선 수입장치를 모방해서 만들고, 한쪽에선 그것을 설치해 시험하고 있었다.

이는 큰 사고를 야기할 수 있는 일이므로, 국가가 허용해주지 않고서는 불가능한 일이었다. 비록 사고를 야기할 수 있는 일을 국가가 용인해 주었다는 것은 어이가 없는 일이었지만 국가가 기업의 기술 개발에 관심을 가지고 적극 동참하는 모습은 부러운 일이었다.

건설업은 정부에서 국가 기간산업에 준하는 지원과 보장을 해야 한다는 것이 내 생각이다. 먼저 새로운 제품이 개발되면 국가 기관에서 이를 평가하는 시스템 구축이 필요하다.

건설 부문의 신기술 개발의 평가는 중소기업이 할 수 있는 일이 아니다. 실험시설에 어마어마한 비용이 들고 시간도 많이 걸린다. 지금은 대개 실제 실험 평가가 아니라 이론으로 평가하고 있을 뿐이다.

그러므로 건설 신기술은 국가가 나서서 엄정하고 철저하게 판단하고 평가하여 통과된 제품은 설혹 문제가 생기더라도 국가가 이를 보호하고 보험처럼 손실 부분을 보장해주는 시스템이 필요하다. 그래야 기업들이 의욕을 가지고 신기술 개발에 나설 수 있을 것이고 또한 시공사들도 그 제품을 안심하고 사용하게 될 것이기 때문이다.

지금은 이런 시스템이 시행 되지 않고 있으니 기업들이 신기술 개발에 나서지 않고, 또 국내 신기술 제품이 개발돼도 안전성이 불안하기 때문에 대개는 그냥 해외부품을 수입해서 쓰게 되는 것이다.

신진현 기계제작소도 그 규모가 엄청났다. 중국이 국가 기간산업에 엄청난 투자를 하고 있다는 사실을 다시 한번 절감했다.

건설업에 대한 중국의 열의와 노력을 보고 나는 중국에서 시장을 개척해보려는 마음을 접고 오히려 신축이음장치에 쓰이는 레일을 그들에게서 수입하기로 했다. 중국은 자체 시장이 워낙 커서 신축이음장치를 대량 생산하고 있어 수입이 가능했다.

당시 국내에서는 중국을 경제적으로 낮춰보는 분위기가 만연해 있었는데, 나는 중국의 무서움을 직접 확인하고 온 기분이었다.

해외시장 개척기(2)_베트남, 대만, 태국

앞서 언급한 카라치-이스탄불 공사 프로젝트의 성사로 KR은 회사의 실적이 크게 제고되고 업계의 큰 신뢰를 받게 되었다.

교량 부품의 해외수출은 이후에도 꾸준히 이어졌다. KR은 대만의 고속철도 건설사업에서, 타이페이에서 가오슝에 이르는 구간 중 한 구간의 철도 브릿지 베어링 공급권을 따냈다. KR이 고속철도 건설 분야에서 수주한 첫 공사였다. 고속철도 건설 공사는 부품에서 설치까지 가장 고도의 기술이 요구되는 분야였다. 이 공사는 KR이 이제 최고 기술의 공사를 해낼 수 있는 기업이라는 자부심을 가지는 계기가 되어주었다.

그 후 베트남에는 교량용 베어링을 수출했으며 태국 신국제공항 건설공사에는 공항 내 모든 가드레일 제품을 납품했다.

태국과 납품 계약을 맺기 전 KR은 인천공항 내의 가드레일을 납품했다. 난간 지주를 우리나라

젊음에게 들려주고 싶은
창업은 용기다
/ 운명적 만남과 KR의 성장 /

지도를 형상화한 디자인으로 만들어 설치했는데 태국에서 그것을 인상적으로 보았던 모양이었다. 태국업체에서 먼저 연락이 와 신공항건설 공사에 기술제휴를 제의했다.

우리는 한국 제품의 품질인정시스템 등을 보여주고, 가드레일의 단순한 충격흡수 기능뿐 아니라 디자인과 안전성 측면 또한 매우 중요하다는 사실을 강조했다. 이러한 우리의 태도에 태국은 큰 신뢰를 보였다. 이런 신뢰를 바탕으로 KR이 태국 신공항 내 모든 가드레일의 디자인과 제품을 수출하는 쾌거를 이루었다 이 또한 교량 부품 수출로서는 기록적인 물량이었다.

하지만 이러한 해외사업 수주는 실상 중소기업이 혼자 감당하기에는 벅찬 일이란 걸 여러 차례 절감했다. 대기업이나 여러 기업이 힘을 합쳐야 납품 수주에서부터 시공까지 원활하게 이루어지는데 그게 잘 안되면 결국 단발성 사업으로 끝나게 된다. 중소기업의 해외사업 개척은 아무리 강조해도 지나치지 않을 만큼 중요한 일이다. 중소기업들이 지속적으로, 그리고 안정적으로 사업을 할 수 있는 구조가 갖춰졌으면 하는 바람이 크다.

해외시장 개척기(3)_아쉬웠던 굼바 인수 포기
그러나 KR의 해외 사업 개척 노력이 늘 성공적이었던 것만은 아니었다.
 자체적인 기술 개발도 적지 않지만 KR은 상당 부분 일본과의 합작을 통해 그들의 기술을 활용하면서 교량과 도시환경 관련 기술전문기업으로 자리잡았다.

나는 유럽 기술에 대해서도 관심이 컸다. 알려져 있다시피 독일은 일본과 함께 제조업 기반의 기술전문 중소기업이 많은 나라로 유명했다. 나는 독일의 기술기업과의 협력을 통해 그들의 기술을 경험하고 싶었다. 그러나 유럽과 연결될 수 있는 인력이나 기회가 그 동안 없었다.

그래서 KR의 자문교수인 성균관 대학의 한 교수에게 요청해 독일 고속철도 납품업체를 소개받았다. 나는 직원 한 명을 대동하고 현지 방문에 나섰다.

독일을 방문해서 관찰한 바, 독일은 도로, 철도, 교량 등이 충분히 깔려 있어 기간산업분야의 성장이 정체 되어 있었다.

나는 소개 받은 회사를 방문해 현지 상황을 살피고 그들과의 기술제휴를 바란다는 의향을 전했다. 그 기업은 독일의 유명한 기술기업 가운데 하나인 '굼바'라는 회사였다. 굼바는 유명한 카이저 공법을 처음 만든 기술자도 보유한 명성 있는 기술기업이었다.

우리의 제안에 굼바는 크게 환영하는 반응을 보였다. 그렇지 않아도 그들은 정체된 기업 성장의 활로를 아시아 시장에서 찾아야겠다는 생각으로 방법을 모색하고 있던 참이어서 우리의 제안에 솔깃하지 않을 수 없었던 것이다.

나는 당신들이 직접 아시아지역으로 진출하는 것보다, 우리와의 협력을 통해 우리의 제3국 진출 경험을 이용하라고 말했다. 아시아 지역의 문화와 생활 습성, 사업 관행을 잘 아는 것은 그 지역으로의 사업 진출에 큰 힘이 되는 일이다. 당신들이 직접 진출한다면 불가피하게 많은 시행착오를 겪게 될 것이니 우리를 아시아 진출의 교두보로 삼는다면 여러모로 유리할 것이라고 말했다.

굼바 사장이 우리를 자신의 방으로 이끌었다. 인상적이었던 것은 사장실 한 벽에 닐 암스트롱이 달에 착륙한 사진이 크게 걸려 있었다. 사장이 말했다.

"나는 인간의 역사는 도전의 역사라고 생각합니다. 인간의 문명을 일으킨 것도 도전정신이 있었기 때문입니다. 그런데 당신에게는 그런 도전정신, 개척자적 정신이 있는 것 같습니다. 당신의 말에 나도 큰 도전을 받은 느낌입니다."

젊음에게 들려주고 싶은
창업은 용기다
/ 운명적 만남과 KR의 성장 /

그러더니 뜻밖에도 우리에게 자신들의 기업 굼바를 인수하라는 제안을 해왔다. 그런데 인수조건이 우리에게 매우 유리한 것이었다. 거의 거저 가져가라는 느낌이 들 정도였다. 다만 아시아와 중동 진출은 KR이 직접하고 자신들에게는 유럽 판매권만 달라는 것이 요구의 전부였다.

KR과 굼바는 기업인수에 대해 원칙적인 합의를 끝냈다. 그런데 막상 굼바를 인수할 시점이 되자 마음에 걸리는 일이 한두 가지가 아니었다. 분명히 우리에게 대단히 유리한 조건의 인수였지만, 나는 냉정하게 생각해보기로 했다. 과연 우리에게 독일기업인 굼바를 경영할 능력이 있는가? 언어도 통하지 않고 문화도 다른 그들을 컨트롤할 인재가 우리에게 있는가?

젊음에게 들려주고 싶은
창업은 용기다
/ 운명적 만남과 KR의 성장 /

판단은 부정적이었다. 결국 우리는 후속 협의를 중단한 채 인수를 스스로 포기했다. 안타까운 일이 아닐 수 없었다. 이렇게 좋은 조건의 기회는 다시 오기 힘들다는 걸 모르지 않았지만 어쩔 수 없는 일이었다.

굼바 인수를 포기하면서 우수한 인재 없이는 기업 성장에 한계가 있다는 사실을 다시 한번 절감했다. 그리고 미리 준비하지 않으면 다시 없는 좋은 기회도 결코 자신의 것으로 할 수 없다는 사실 또한 가슴 아프게 경험했다.

기회는 다가오는 것이 아니라 지나가는 것이다. 그것을 잡고 못 잡고는 자신이 그 기회를 잡을 준비를 하고 있었는지의 여부에 달렸다.

정치에서 '인사가 만사'라는 말이 있는데 기업에서도 인재 관리가 가장 중요하다. 뛰어난 인재를 얼마나 확보하느냐에 따라 기업의 성장과 발전, 혹은 도태와 쇠망의 미래가 달려 있다고 해도 과언이 아니다.

하지만 앞에서도 언급한 것처럼 중소기업에서 뛰어난 인재를 확보하는 일은 참으로 어렵다. 훌륭한 자질을 갖춘 인재들은 모두 조건이 그럴 듯한 대기업에만 관심을 가지고 있고 입사 시험을 위해 재수와 삼수를 거듭해가면서도 중소기업에는 관심을 가지지 않는 게 현실이다. 대기업이 자신들의 화려한 미래를 보장해 주리라는 막연한 기대 때문이다.

안정되고 발전된 미래를 보장해 주리라는 젊은이들의 기대를 대기업이 일정부분 만족시켜줄 수 있을지도 모르겠다. 하지만 뛰어난 인재들의 미래 성장 가능성을 두고 본다면 나는 대기업보다는 중소기업 쪽이 훨씬 더 유리하다고 단언한다.

우리의 뛰어난 젊은 인재들이 수많은 경쟁자를 물리치고 대기업에 들어간 뒤 다시 동료들과 피

젊음에게 들려주고 싶은
창업은 용기다
/ 운명적 만남과 KR의 성장 /

말리는 경쟁을 해야 하고, 조직의 일부가 되어 격무에 시달리는 현실을 보노라면 안타까운 마음을 금할 수 없다. 나는 그들의 재능과 열정과 창의성이 중소기업에서 '명품'을 만드는 데 바쳐졌으면 하고 간절히 바란다.

자신의 분야에서 최고의 명품을 만들어내며 사는 그들의 삶이 결코 대기업의 사원으로서 사는 삶보다 뒤떨어진다고 생각하지 않는다. 오히려 더 보람차고 의미 있는 자기 색이 분명한 멋진 삶을 살게 되리라고 믿는다.

기업의 생명력에서도 중소기업이 대기업보다 월등 우월하다.
세계에서 가장 오래된 기업으로 일본의 '곤고구미(金剛組)'란 목조건축회사가 있다. 그 역사가 자그마치 1천400년이나 되었다. 옛날 백제의 건축 기술자가 건너가 세운 이 회사는 지금까지 오로지 전통적인 방식으로 절의 건축과 수리만을 해오며 천 년이 넘는 세월을 이어오고 있다. 이는 대기업에서는 가능한 일이 아니다. 중소기업만이 할 수 있는, 중소기업이 가진 힘이다.

뿐만 아니라 일본에는 100년 이상 된 기업이나 가게가 2만3천700개나 된다. 이것이 오늘날 세계 최고의 기술국가 일본을 만든 저력이 되고 있는 것이다.
"젊은이들이여, 중소기업으로 달려가 명품을 만드는 장인이 되라!"
내가 우리의 젊은이들에게 간절하게 들려주고 싶은 말이다.

기업의 입장에서도 문제는 있다. 뛰어난 인재를 확보한다고 하더라도 그들을 관리하고 활용하는 일에 많은 어려움이 있다. 나 역시 적지 않은 시행착오를 겪은 일이다.

나는 인재 관리 전문가, 대학 교수 등과 함께 우수인재를 확보하기 위한 시스템을 만들어 시행해 보았다. 성과에 대한 평가 중심의 인센티브 시스템이었다. 그런데 그 장점과 단점이 뚜렷이 드러났다.

우수 인력에 대한 인센티브 제도의 가장 큰 부작용이라면 조직의 결집력을 저해한다는 점이었다. 외부에서 아무리 뛰어난 인재를 스카우트 해 온다 하더라도 그 성과가 금방 나타나지는 않는다. 그런데 그 동안 그에게 주어지는 인센티브는 기존 직원들의 큰 불만 요인이 되어 사기를 저하시키고 근무 태도를 나쁘게 한다.

인센티브를 비밀을 붙인다 하더라도 그런 일은 비밀 유지가 쉽지 않은 법이다. 인재양성 시스템, 평가 시스템, 성과 시스템이란 것이 기존 직원들의 사기 저하 문제를 해결하지 못한다면 오히려 득보다 실이 더 크다.

이러한 문제에 대한 내 개인적인 생각은 이렇다. 이런 경우 인센티브는 기업 비용으로는 힘들고, 오너가 사비를 털어서 우수인재의 트레이닝 기간 동안 지원하면 해결될 수 있다. 그리고 그의 능력이 입증된 후면 기업 비용으로 충분한 인센티브가 주어진다고 해도 별달리 큰 부작용이 일어나지는 않게 될 것이다.

그러나 이는 역시 공식적이고 정상적인 방법이 아니라는 문제를 안게 된다. 인재를 확보하는 일도, 확보한 인재를 관리하는 일도 중소기업에게 큰 문제인 것은 부인할 수 없는 현실이다.

해외시장개척기(4)_'스미토모 경금속'과 제휴하다
분당 신도시 교량의 70%는 KR의 설계와 제작, 설치 시공 등으로 만들어졌다. 일산도 마찬가지였다. 하지만 당시 나는 불만족스러웠다. 여전히 외국과 비교하면 디자인 등이 많이 뒤떨어진다고 생각했다. 명색이 신도시인데 육교, 하천 교량 디자인과 안전성이 외국 옛 도시와 비교해 뒤떨어진다는 것은 부끄러운 일이 아닌가?

나는 토지개발공사를 찾아가 담당자를 설득했다. 이번에는 정말로 새롭고, 아름답고 튼튼한 신도시용 교량과 육교를 만들고 싶다. 그러니 지켜보아 달라.

젊음에게 들려주고 싶은
창업은 용기다
/ 운명적 만남과 KR의 성장 /

그리고 KR은 이를 위한 테스크포스팀을 구성했다. 일본환경디자인 전문가 출신인 대학 교수 한 분도 연구협력을 제안해 영입했다.

또한 우리는 일본 '스미토모 경금속'과 기술 제휴를 맺었다. 10년 전 맨손으로 찾아갔던 그 회사와 마침내 기술제휴를 성사시킨 것이었다. 나로서는 참으로 감개무량한 일이 아닐 수 없었다.

'스미토모 경금속'과의 기술 제휴는 KR의 기술 발전에 큰 전기가 될 만한 일이었다. 이로써 KR의 디자인, 설계, 제작 역량은 비약적인 성장을 이루게 되었다.

우리는 이를 판교, 동탄 신도시에 적용했다. 기술을 인정받아 대단위 수주가 가능했고, 아름다운 도시 탄생에 하천 교량과 육교가 적지 않은 역할을 했다고 스스로 자부한다.

TIP 8. 일본 최고의 부자 손정의가 아이디어를 찾는 법

'일본 최고 부자로 손꼽히는 손정의는 젊은 시절 300개의 낱말카드를 만든 후, 매일 그 중 세 장의 카드를 뽑아 임의로 뽑혀진 세 단어의 조합으로 새로운 사업 아이템을 만들어냈다.

그는 이런 방법으로 1년에 250건의 사업아이디어를 만들어냈다고 한다.
임의로 고른 세가지 단어의 조합 속에서 새로운 사업 아이디어를 찾는다는 것은 창의력과 상상력의 힘을 사업 아이디어 발굴에서 가장 중요하게 고려했다는 의미이기도 하다.

중요한 것은 어떤 키워드냐 하는 것이 아니라, 그것을 어떻게 조합하고 어떻게 재해석하여 어떤 연관고리 속에서 어떤 상상력을 발휘 해내느냐이기 때문이다.'
(〈머니투데이〉 '김용섭 날카로운상상력연구소 소장' 칼럼에서 인용)

젊음에게 들려주고 싶은
창업은 용기다
/ 운명적 만남과 KR의 성장 /

땀과 꿈으로 이룬 전산화

전국경제인연합회(전경련)에서 실시하는 정보전략 최고위 과정을 수료하면서 나는 기업 ERP(전사적 자원관리)에 대해 공부했다. 굉장히 효율적인 시스템이라 여겨졌다.

특히 KR은 서울에 사무실이 있고 공장은 시화공단에 있어 결산 등에 불편함과 어려움이 적지 않았다. 나는 KR에 전산화 시스템을 도입해야겠다고 생각했다. 당시는 대기업들도 이제 막 전산화를 도입하던 시점이고 중소기업은 엄두도 못 내고 있던 때였다.

하지만 막상 그렇게 결정하자 난관이 한두 가지가 아니었다. 우선은 시스템 도입에 들 20억-40억 가량의 많은 비용이 문제였다.

또한 이를 도입하고 오랜 시간 계속해서 관리할 전산전문 인력이 필요했다. 고가의 비용을 들여 도입하기도 어렵지만 또한 비용을 들여 계속적으로 관리해주어야 하는 일이라, 기업 전산화는 CEO의 강한 의지가 없으면 도입할 수 없는 것이었다. 설사 도입되더라도 활용되지 못하고 사장되는 경우가 많고 전산전문 인력 확보가 여의치 않아 실패하는 경우도 많았다.

나는 먼저 서강대 경영학과 교수를 자문 역으로 초빙했다. 그리고 전산 프로그램을 전문업체에 의뢰하여 개발하고 관리할 인력으로 당사직원이 아닌 개발업체 인력을 KR에 상주케 했다. 이 직원은 97년부터 2005년까지 무려 8년 동안을 KR에서 일했다.

이 경영 정보시스템이 원활하게 작동 되도록 정착시키는 데만 3년이란 시간이 걸렸다. 처음 1-2년 동안은 직원들의 불만이 오히려 컸다. 번거롭고 도리어 일이 늦어진다는 이유에서였다.

하지만 어려움 없이 얻어지는 소득이 어디 있겠는가? 나는 이 시스템을 우리 회사가 반드시 소유해야 할 자산이라고 생각했다. 그리하여 직원들의 불만에도 불구하고 신념을 갖고 추진해 나갔

다. 상주 직원과 끊임없이 대화를 나누면서 프로그램을 이해하려 했고, 발생하는 문제를 하나씩 해결해 나갔다

우선 결제 시스템을 전산화해서 큰 성과를 얻었다. 너무나 간편하고 편리한 이 시스템은 창업과 동시에 도입했어야 할 일이라는 생각이 들었다.

프로그램에 데이터를 넣는 일은 엄청나게 방대한 작업이었다. 창업부터 당시까지 10년이 넘는 동안의 각종 데이터를 입력하느라 우리는 밤낮을 가리지 않고 일했다. 이미 다 지난 옛날 일을 왜 또 다시 모두 꺼내서 정리하고 데이터화해야 하느냐는 불만이 터져 나왔다. 하지만 나는 반드시 해야 하는 일이라는 믿음을 가지고 밀어붙였고, 결국은 성공적으로 전산화 작업을 완성시켰다. 동종업계 최초의 일이었다.

이러한 노력을 인정받아 KR은 그 해 '지식오피스기업'으로 선정되는 기쁨을 누렸다. 그리고 중소기업진흥공단에서 정보화의 성공 사례로 뽑혀 우리의 시스템과 경험에 대한 발표를 하기도 했다.

중소기업진흥공단에서 발표를 한지 얼마 후의 일이다. 한 자동차 부품회사 CEO의 방문을 받았다.

그는 우리 회사의 전산화가 편리하고 빠르다고 하던데, 월말 결산을 하는데 얼마나 걸리느냐고 물었다.

"5일이면 됩니다."
그 자신 회계전문가 출신이라고 밝힌 CEO는 너무 놀라 그것이 사실이냐고 다시 되물었다. 혹시 제품의 부품이 몇 개냐고 묻기에 약 2,000개정도 된다고 하니 더욱 놀라면서 입을 다물지 못했다. 자재의 부품수가 많은 회사가 말일이 지나고 5일 만에 결산을 마친다고 하니 놀라고 만 것이었다.

실은 나는 5일 결산이 아니라 1일 결산을 욕심 내고 있었다. 1일 결산이 되면 매일 손익을 공유할 수 있고, 제품에 꼬리표가 붙기 때문에 재고의 책임 소재를 명확히 가릴 수 있었다. 이후 KR은 이러한 노력의 결과로 계약금액 1,200억에 매출 550억을 달성하면서 재고를 13억까지 낮추는 성과를 올릴 수 있었다.

그러나 내가 목표로 삼았던 1일 결산까지는 이룰 수가 없었다. 할 수 없었던 이유는 생산만 하는 순수 제조업체가 아니라 현장 설치까지 하는 사업의 특성에서 비롯된 것으로 현장에서 세금계산서를 끊지 않으면 통계가 잡히지 않기 때문이었다. 그래서 제조 분야에서만 1일 결산을 하는 수밖에 없었다.

나와 KR의 시간과 땀으로 만들어낸 작품이 바로 그 전산 시스템이었다. 나는 지금도 그 시스템의 완성도에 자부심을 느낀다. 할 수만 있다면 그 시스템을 다시 살려내 고픈 마음이 간절하다. 심지어 나는 꿈에서조차 그때의 전산 시스템을 가동시키고는 한다.

코스닥에 상장하다.
우리나라 경제계에서는 기업 상장을 기업의 성공의 지표로 보는 묘한 시각이 있다. 그러나 이는 결코 온당한 시각이 아니다. 남들이 보기에 놀라울 정도로 성장한 기업 가운데는 상장을 꺼리는 회사도 많기 때문이다.

기업 공개에 따르는 부담 때문이다. 개인 회사일 때는 투자도 결산도 오너 임의로 자유롭게 할 수 있었던 것을 굳이 기업을 공개해 다른 사람들의 감시를 받아야 하느냐는 것이다. 이 말은 기업의 오너의 입장에서 보면 맞는 말이다. 오너 자신만 생각하면 안 하는 게 월등히 나은 것이 기업 공개다.

또 기업을 상장하면 외부 자금이 유입되기 때문이라고 하지만 외부 자금이 굳이 필요하지 않은 우량기업도 있다. 그렇다면 왜 굳이 기업을 상장해 기업 회계 등을 공개하는 것 일까? 기업 상장은 기업이 개인의 기업에서 사회의 기업으로 바뀌는 일이다. 그러니까 참으로 중요한 의미를 지닌 일이 아닐 수 없다.

나는 오래 전부터 KR이 나 혼자서 관리하기 벅찰 만큼 성장한다면 기업을 공개해 사회에 돌려줘야겠다는 생각을 하고 있었다. KR을 경영하면서 사회의 도움과 지원으로 기업이 빠르게 성장할 수 있었던 일에 늘 고마운 마음을 가지고 있었다.

앞에서도 밝힌 바처럼 모든 기업은 사회라는 바탕에서 생겨나고 성장하는 것이기 때문에 마땅히 사회에 대해 공익적 책임과 의무를 져야 한다는 것이 나의 기업관이다. KR 또한 마찬가지다. 맨손으로 회사를 창업한 이후 지금까지 쉬지 않고 달려온 KR. 수많은 어려움과 위기를 겪으면서도 쓰러지지 않고 결국은 성장을 이뤄낸 KR. 나를 포함한 직원들 모두의 피와 땀으로 일구고 가꾸며 키워온 KR을 사회에 돌려줄 시기가 되었다고 생각했다. KR의 사명이 무엇인가. 함께 하는 기업인 것이다. 직원과 함께 하는 기업, 사회와 함께 하는 기업, 국가와 함께 하는 기업.

나는 KR이 기업 공개를 통해 많은 사람들이 함께 하는 기업이 되어야 한다고 생각했다. 그것이 참된 기업이 나아갈 길이라고 생각했다. 그러므로 상장은 반드시 필요한 일이었다.

나는 기업 공개를 결정했다. 기업주는 기업을 떠날 수 있지만 기업은 영원해야 하는 것이다. 마찬가지로 나는 KR을 떠날 수 있지만 KR은 영원해야 하는 것이다.

그러기 위해서는 기업은 경쟁력을 갖추어야 하고 앞으로도 계속 성장할 수 있는 기업으로서의 기반을 갖고 있어야 한다. 나는 그를 위해 지금껏 쉬지 않고 달려온 것이었다.

1999년 12월, KR은 코스닥에 상장됐다.

젊음에게 들려주고 싶은
창업은 용기다
/ 운명적 만남과 KR의 성장 /

KR의 기업 공개는 가능성과 한계를 동시에 명확히 보여주는 일이었다. 상장 후 100억 원에 달하는 외부 자금이 유입되었다. 시중의 관심도 커서 공모가 3만 원짜리 주식이 17만 원까지 치솟았다.

나는 기업 공개가 KR의 새로운 도약의 계기가 되기를 바랐다. 기업이 도약하기 위해서 필요한 것은 돈이 아니라 인재이다. 그런 사실을 잘 알고 있는 나는 새로운 KR을 책임질 인재를 영입하는 일에 많은 노력을 기울였다. 회사의 성장을 위해 대기업의 임원들도 과감하게 영입했다.

하지만 동시에 KR의 한계도 분명한 얼굴을 드러냈다. 직원들 간의 불협화음이 그 첫 번째였다.

기존 직원들은 기업이 상장되고 기업을 외부에 알리는 홍보의 기회가 많아지자 회사에 대한 자부심이 커졌다. 그들은 예전과 달리 어딘지 들떠 보였다.

또 적지 않은 우리 사주가 배당되면서 주식의 등락에 관심을 가지기 시작했다. 나는 KR을 상장하며 주식의 54%를 내가 보유하고, 많은 부분을 직원들에게 우리 사주 형식으로 나누어 주었다. 직원들이 주식에 관심을 가지면서 그들 사이에도 위화감이 조성되었다.

하지만 그보다 더 큰 문제는 상장 후 제2의 도약을 기대하며 영입한 새로운 인재들과 기존 인력의 부조화였다. 기존의 직원들은 회사에 대한 자부심으로 주인 노릇을 하려 했고, 새로 영입된 직원들은 그런 그들의 태도에 거부감을 느꼈다. 중소기업 특유의 '하나 됨'에 균열이 생기기 시작한 것이었다.

전문화된 업무에만 익숙한 대기업 출신의 영입 직원들은 모든 업무를 다하는데 익숙한 기존 직원들을 불신했다. 새로운 인재의 영입으로 기대했던 시너지효과보다는 불협화음이 먼저 두드러진 것이었다.

상장 후 약500억 원까지 올랐던 연 매출이 2년차부터 정체되기 시작했다. 나는 다시 한 번 인재 활용의 어려움을 절감했다. 중소기업의 한계였다.

나는 기업 공개에 대한 대비가 철저하지 못했음을 인정하지 않을 수 없었다. 투자 가운데 사람의 가치에 대한 투자가 가장 어려운 법이고, 뛰어난 인재의 가치를 알아보는 것이 CEO의 가장 중요한 능력 가운데 하나인데, 나는 이번에 인재 활용에 실패한 것이란 생각이 들었다. 기계는 얼마만한 가치를 가졌는지 시운전을 해보면 알 수 있지만 사람의 가치는 쉽사리 판단할 수 없는 것이다.

KR의 매각

기업 공개 후 성장이 정체되면서 나는 능력의 한계를 절감했다. 그리고 KR의 창업주로서 자신의 역할을 다했다고 생각했다. 이제는 KR을 더 좋은 전문 경영인에게 맡겨 더욱 크게 성장시키고 발전시키도록 해야겠다는 마음이었다.

나는 한 회계컨설팅 회사에 기업 매각을 의뢰했다. 컨설팅 회사에서는 당시 사내 유보금을 100억 원 이상 가진 우량 기업의 매각이 의외라는 눈치였다. 하지만 내 결심은 확고했다.

내 분신이자 어쩌면 전부이기도 했던 KR을 매각하기로 결심한 것은 나의 변함없는 기업관 때문이었다. 기업은 크든 작든 개인의 소유가 될 수 없으며 기업의 진정한 주인은 사회라는 것이 KR을 경영하면서 내가 갖게 된 기업관이었다.

기업가는 나를 위해 일하면 곧 한계에 봉착하게 된다. 큰 기업가는 직원과 사회, 나아가 국가를 위해 사업을 해야 제대로 크게 성장할 수가 있다. 기업가의 사회적 사명, 그것이 기업가의 가장 큰 욕망이 되어야 한다.

젊음에게 들려주고 싶은
창업은 용기다
/ 운명적 만남과 KR의 성장 /

사회와 함께 하지 않는 기업은 존재 가치가 없는 기업이다. 모름지기 기업가는 자기 자신의 개인적 욕망으로부터 멀어져야 하며 사회적 기업이란 의식을 가지지 않으면 안 된다. 이것이 내가 KR을 매각하기로 결심한 이유였다.

내가 KR을 매각하기로 결심한 배경에는 이에 더하여 하나의 이유가 더 있었다. 그것은 나의 가족이었다. 나는 평소 인간에게 가장 소중한 것이 가정이고 가족이라는 생각을 하고 있었다. 하지만 창업 이후 사업을 위해 정신 없이 달려오느라 어쩔 수 없이 가족에게 소홀했던 것이 사실이었다. 나는 늘 가족들에게 미안했다. 이제는 내가 가족에게로 돌아갈 때가 되었다고 생각했다. 그 동안 누려보지 못한 가족들과의 행복이 그리웠다. 가족들 또한 그럴 것이었다.

그러나 KR을 매입하겠다고 나선 사람들은 대개가 주가를 통한 차익에만 관심이 있었다. KR은 그들의 머니 게임에 매우 좋은 기업이었다. KR은 제조업을 기반으로 하는 기업이다. 그러나 그들은 금융과 기업 가치에만 관심이 있을 뿐 제조업에는 관심이 없었다.

나는 매입 의사를 가진 사람이 나타나면 회사에 와서 프레젠테이션을 하게 하고 직원들이 가부를 평가하게 했다. 왜냐하면 과거에도 그랬고 현재도 그렇듯이 미래에도 KR의 주인은 그들이었기 때문이다.

그리고 직원들이 선택한 매입 희망자에게 회계컨설팅 회사의 평가액보다 30억 원이나 낮은 가격으로 KR을 매각했다.

그러나 KR은 그 후 새로운 경영자의 손에서 성장하지 못하고 오히려 퇴보를 거듭했다. 그리고는 매각 후 5년만에 상장이 폐지되면서 역사의 그늘 속으로 사라져갔다.

KR이 도산했다는 말을 들었을 때 나는 마치 가까운 혈육을 잃은 듯 큰 상실감과 슬픔을 느꼈다.

나 자신이 세상의 가장 중요한 것들과 절연되어 버려지는 듯한 고통을 느꼈다.

KR은 나 자신이었다. 내 살과 피를 나누어 만들어진 또 다른 나였다. 그런 내가 사라진 것이었다.

나는 오래도록 충격에서 벗어나지 못했다. 내가 지금껏 밟고 디디며 살아온 지반이, 세상이 사라져버려 마치 내가 허공에 붕 떠있는 느낌이 계속되었다.

하지만 인정하지 않을 수 없었다. 기업의 운명을 결정하는 것은 누구 한 사람 개인이 아니라 이 사회인 것이다. KR은 이 사회의 안전을 위해 일했고, 아름다운 도시를 만드는데 기여했고 이제 그 사명을 다하고 사라진 것이었다.

그런 가운데 한 가지 위안이 되는 일이라면 KR의 진정한 주인이었던 직원들 중에 스무 명이 넘는 사람이 사회로 나가 기업을 경영하고 있으며 그들이 대부분 성공적인 경영을 하고 있다는 사실이었다. 그들은 한결같이 자신들의 성공의 바탕이 KR이며, 그들 기업이 KR의 기업정신, KR의 시스템을 이어받은 기업이란 것을 자랑스러워하고 있었다.

이제 KR은 역사 속으로 사라지고, 함께 했던 사람들의 기억 속에만 존재하게 되었다. 하지만 가장 소중한 것은 가슴에 남는다는 말처럼 KR의 기억은 함께 했던 사람들의 가슴 속에서 살아남아 영원히 사라지지 않을 것이라고 나는 믿는다.

/
위기는 준비된
자만의 기회

젊음에게 들려주고 싶은
창업은 용기다
/ 위기는 준비된 자만의 기회 /

/

"비록 지금은 손실이 예상되지만 이런 어려움이 오래 가지는 않을 것이다.
이 위기를 극복해낸다면 반드시 더 큰 보상이 우리에게 주어질 것이다.
지금 우리가 할 일은 고객과의 약속을 성실하게 지키는 일이다."

/

위기를 기회로(1)_역발상으로 극복한 첫 번째 위기

시화공단이 조성되고 있던 때였다. 시화공단 내에도 적지 않은 수의 교량이 건설 계획 중이었는데, 영업을 담당하던 이종흥 대리가 이들 교량의 시설물 공사를 수주하기 위해 동분서주하고 있었다.

이종흥 대리가 단지 내 교량 하나의 난간 제작과 설치 공사를 수주하였는데, 공사 단가는 100m에 1천800만 원이라고 했다..

그런데 난간을 제작하는 회사 쪽에 교량용 난간의 제품 단가를 알아보니, 100m에 2천600만 원이나 한다는 것이었다. 자재를 사서 설치공사까지 하더라도 100m당 800만 원의 적자가 나는 공사인 것이었다.

공사를 수주한 이종흥 대리는 자신의 실수라며 어쩔 줄을 몰라 했다.

젊음에게 들려주고 싶은
창업은 용기다
/ 위기는 준비된 자만의 기회 /

"죄송합니다, 사장님. 이것은 저의 실수이니 이 공사를 포기하고 거기에 따르는 책임은 제가 지겠습니다."

대부분의 직원들이 같은 의견이었다. 적자 나는 공사를 할 이유가 없으니 공사를 포기하자는 주장이었다. 하지만 공사를 포기한다면 공사를 발주한 시화공단 건설 시공회사와의 관계에 불신을 초래해 앞으로의 공사에도 큰 영향을 받게 될 것이 자명한 사실이었다. 그렇다고 적지 않은 손해를 그냥 감수할 수도 없는 노릇이었다. 나는 고민에 빠졌다.

공사를 강행하기로 결정했다. 토목공사는 대개 비교적 시간 여유가 있는 사업이었다. 시화공단 교량 건설 공사도 준공까지 1년 이상의 시간이 있었다. 그 동안 방법을 찾아보면 무슨 길이 있지 않을까…

나는 이 시간을 최대한 활용하면서 규모의 경제로 이를 극복하기로 전략을 짰다.

이종흥 대리를 위시한 영업팀에게 시화공단 내의 다른 교량 난간공사를 오히려 적극적으로 수주하라고 지시했다. 회사 안에서는 난리가 났다. 도저히 이해할 수 없는 일을 사장이 벌이고 있었던 것이다. 하지만 나는 나의 결심을 밀어붙였다.

그날부터 영업팀은 전력을 다해 공사 수주에 나섰다. 나 역시도 매일 시화공단에 출근하다시피 했다. 주변에서는 수지 타산이 맞지 않는 사업에 저렇게 회사가 전사적으로 수주에 나서는 데 대해 이해할 수 없다는 반응이었고 어떤 이들은 비웃음을 보내기도 했다.

백방으로 뛰어다니며 영업에 힘쓴 결과 우리는 시화공단 내 총 5개 공구 중 4개 공구의 교량 난간 공사 전부를 수주했다. 공사해야 할 교량이 모두 15개나 되었다. 발주한 교량 건설회사도 다양했는데, 그 가운데는 대기업 건설사도 있었다.

공사 구간이 늘어나면서 자재도 처음과는 비교할 수 없게 늘어났다. 나는 많은 물량을 앞세워 난간 자재업체와 협상에 나섰다. 물량의 대단위 구매가 가능해지면서 공사자재인 난간의 제작 단가도 크게 떨어졌다. 거기다 나는 자재를 싸게 수급할 수 있는 방법을 알고 있었다. 과거 잡자재 납품업을 할 때의 거래 경험에서 얻은 지식 덕분이었다.

그 결과 처음 100m 당 2천600만 원이던 난간의 단가가 1천200만까지 떨어졌다. 이제는 수익이 가능한 사업이 된 것이었다.

난간 제작은 제작사에 하청을 주고 설치 공사를 시작했다. 이때도 설치 기술이 부족해, 이미 설치된 교량 난간을 일일이 살펴 연구하면서 기술을 익혔다. 다행히 별다른 시행착오 없이 진행되어 공사는 3년 만에 모두 마무리 되었다.

직원이 견적을 잘못 내서 비싸게 수주한 공사를 규모의 경제로 돌파해 전화위복의 기회로 만든 것이었다. 공사의 수익만 생각했다면 첫 공사부터 포기하였을 것이다. 그렇게 했다면 공사로 인한 손해는 보지 않았겠지만 발주 업체와 동종 업계의 신뢰에 큰 손상을 입었을 것이다. 이는 사실 금액으로 환산하기 어려운 막대한 손실이다.

하지만 우리는 더욱 사업의 규모를 키우는 역 발상으로 사업 손실을 수익으로 바꾸었고, 거래 업체와의 신뢰를 더욱 굳혔고, 회사의 공사 실적도 확보했던 것이다. 기회는 자주 위기의 모습으로 찾아오는 법이다. 이를 위기로 맞을 것인가, 기회로 삼을 것인가는 전적으로 자신에게 달려 있다.

위기를 기회로(2)_'카메라 출동' 보도 사건

성수대교 붕괴는 있을 수도 없고 있어서도 안 될 참사였다. 1994년 10월21일 아침 시간에 갑자기

젊음에게 들려주고 싶은
창업은 용기다
/ 위기는 준비된 자만의 기회 /

다리가 무너져 내렸다. 출근길에 다리를 건너던 차량과 무너지는 다리가 함께 강으로 추락했다. 승합차 1대, 승용차 4대, 버스 1대 등 6대가 강바닥으로 추락하면서 32명이 사망하고 17명이 부상당했다. 사망자의 대부분은 등교하던 학생들과 직장인들이었다. 안타까운 일이 아닐 수 없었다.

붕괴 사고 후 교량 안전에 대한 관심이 전국민적으로 일어났다. 정부에서는 대대적으로 전국 교량과 건물의 안전성에 대한 점검에 나섰고, 신문과 방송에서는 연일 이에 대한 기사가 넘쳐났다. 한강 다리와 시설물에 대한 점검 결과 당산철교와 광진교, 방화대교, 한남대교 등에 문제가 있다는 결론이 나와 국민들을 놀라게 했다.

업무 차 외국에 나가 머물고 있을 때였다. 서울의 회사로부터 다급한 전화가 걸려왔다.
"사장님, 큰일났습니다! 급히 돌아오셔야겠습니다!"
"무슨 일인가?"
"MBC '카메라 출동'에 우리 회사가 보도됐습니다."
예감이 좋지 않았다. 나는 급히 귀국했다.

귀국해 보니 상황은 생각보다 심각했다. MBC 방송의 시사 고발프로그램인 '카메라 출동'에 우리 KR이 불량 자재 제품을 썼다고 보도되었다. 서팔당대교에 적용된 제품이 불량제품이라는 것이었다.

교량 안전에 대한 국민들의 관심이 지대하던 때인지라 보도의 파장이 컸다. 자칫하면 경찰조사까지 받아야 할지 모르는 상황이었다. 당시 '카메라 출동'은 최고의 시사 고발프로그램으로 대처 여부에 따라 회사가 심각한 위기에 빠질 수도 있는 일이었다.

기술 기업이라 자부해온 회사가 업계의 신뢰를 잃는다면 결과는 예측하기 어려운 일이었다. 무엇보다 직원들의 동요가 눈에 보일 정도였다. 나는 먼저 직원들의 사기를 올리는 것이 시급하다고 생각했다.

우선 문제가 된 부분이 무엇인지를 파악한 뒤 직원들을 모두 한 자리에 모아놓고 안심시켰다.
"여러분. 모두들 이 일에 대해 불안해하지 마십시오. 이 일은 결코 우리가 동요할 일이 아닙니다. 왜 우리가 흔들려야 합니까? 우리가 사용한 제품에 문제가 있습니까? 우리가 불량제품을 썼습니까? 결코 그렇지 않습니다. 우리는 언제나 최고의 제품을 만들었고 그것이 우리의 큰 자부심이자 긍지였습니다. 잘못이 없는 우리가 왜 불안해해야 합니까? 지금은 우리가 우리 자신을 믿어야 할 때입니다. 우리가 잘못한 것이 있다면 정정당당하게 인정할 것이고, 그렇지 않고 잘못 보도된 사실이 있다면 내가 반드시 바로잡도록 하겠습니다."

나의 그 말은 사실이었다. 우리가 제작한 볼트는 지금까지 사용되던 스틸 제품보다 한 단계 품질이 향상된 스텐으로 만든 제품이었다. 스틸 제품은 부식되고 깨질 위험이 있지만 스텐 제품은 그런 문제를 상당부분 해결한 것으로 제작 단가도 더 비싸고 더 견고한 제품이었다.

다만 시공 과정에 약간의 하자가 발견되었을 뿐이었다. 시공자 교육에 문제가 있었던 것이다. 하지만 결코 프로그램에 보도된 대로 불량제품은 아니었다.

우리는 팔당대교에 첨단 디자인을 적용한 최신 제품을 시공했다고 자부하고 있었다.
인정할 것은 당당하게 인정하고 적극적으로 대처하자고 뜻을 모았다. 분명한 것은 제품 자체는 당시 최고 첨단의 제품, 월등한 성능의 제품이 아닌가?

나는 방송국을 찾아가 설명하고 해명했다. 두 제품의 비교시험도 요구했다. 예상대로 제품 시험 결과 제품은 어느 것 하나 문제없었다. 아니 이전 메탈제품보다 품질이 월등한 것으로 나타났다. 오히려 제품의 우월성이 입증된 것이었다.

약간의 시공 수정으로 사건은 일단락되었다. 경찰 조사를 받지 않았음은 물론이다.
중소기업들에게 언론에 부정적인 기사나 보도가 나가는 일은 결코 작은 일이 아니다. 한 기업의 명운을 좌우할 수도 있는 일이다. 소비자와 업계의 신뢰를 잃는다는 것은 곧 그 기업의 죽음을 의미하는 것이다.

하지만 KR은 정도 경영으로 정직한 제품을 생산해온 덕분에 크나큰 위기를 무사히 넘길 수 있었다.

사실 이번 일은 당시 건설 쪽에서 조금씩 규격을 빼먹어 남기는 일이 적지 않았기에 일어난 일이었다. 하지만 그런 일은 우리에게는 있을 수 없는 일이었다. 우리의 자부심은 빠른 성장이 아니라 정도 경영에 있었다. 우리는 그런 스스로에 대한 자부심으로 위기를 넘겼을 뿐 아니라 제품에 대한 신뢰도 다시 회복했다.

위기를 기회로(3)_IMF 사태 위기를 극복하다
외환위기(IMF 사태)가 일어나면서 많은 기업이 어려움을 겪었다. 우리도 예외는 아니었다. KR은 당시 알루미늄을 수입하고 있었는데 환율이 폭등하면서 수입가가 2-3배나 뛰었다. 하지만 건설공사는 이미 예전 단가로 수주된 상태였다. 큰 손실이 불가피했다.

하지만 나는 위기는 곧 기회의 다른 이름이라는 말을 믿었다. 비록 회사가 좀 어려움을 겪더라도 고객과의 약속은 반드시 지키자고 마음먹었다.
"우리는 그 동안 기업 경영을 잘 해오지 않았는가? 나는 이 위기도 우리가 힘을 합한다면 극복할 수 있을 것이라고 믿는다."

나는 직원들을 안심시켰다. 겁을 먹거나 포기하지 말자고 말했다.
"비록 지금은 손실이 예상되지만 이런 어려움이 오래 가지는 않을 것이다. 이 위기를 극복해낸다면 반드시 더 큰 보상이 우리에게 주어질 것이다. 지금 우리가 할 일은 고객과의 약속을 성실하게 지키는 일이다."

우리는 더욱 철저히 원가 관리를 해가며 어려움을 극복하기 위해 노력했다.
그와 함께 공사 계약업체를 찾아가 달라진 환율 등 상황을 설명하며 계약 변경을 요청했다. 고맙게도 적지 않은 기업이 이에 응해주었다.

내부 원가를 줄이고, 외부 계약 변경에 노력을 기울이며 우리는 IMF의 위기를 극복하기 위해 총력을 다했다. 우리의 기대대로 그리 오래지 않아 환율은 안정을 찾아갔다. 건설 공사는 대개 계약 후 6개월에서 1년 후에 이루어진다. 환율이 안정된 후에는 손실이 불가피해 보이던 공사가 오히려 큰 수익을 내면서 전화위복이 되어 주었다. 그렇게 우리는 IMF 위기를 큰 어려움 없이 잘 극복해냈다.

위기 때 거래선 다변화를 시도한 것도 그 후 기업 안정성에 큰 도움이 돼 주었다. 뿐만 아니라 IMF 기간 동안 시공비, 생산비, 조립비를 줄이는 데 노력을 기울인 덕분에 KR의 생산 기술을 진일보시키는 계기가 되었다. IMF를 겪은 직후인 1999년에 오히려 KR은 기업을 상장시키는 성과를 거두었다.

위기를 기회로(4)_신행주대교 방호책 공사
KR에 또 한번의 위기가 찾아왔다.

KR이 수주목표로 하고 있는 양수-덕평 간 교량의 방호책 공사는 수십억 원 규모의 큰 공사였다. 이 공사는 애초 콘크리트로 시공될 예정이었다. 하지만 북한강의 아름다운 경관을 콘크리트로 막아놓아 터널 지나듯 해야 한다면 참으로 아까운 일이 아닐 수 없었다. 나는 이를 방호책 공사로 바꾸자고 발주처에 제안했다. 방호책의 다양한 장점과 효과를 설명하고, 방호책 공사가 시공 후 매우 오랜 기간 사용될 중요한 공사라는 점을 강조한 결과 공사감독관의 수긍을 얻어낼 수 있었다. 공사비가 예상보다 다소 늘어났지만 공사 전체 비용에 비하면 그리 많지 않

젊음에게 들려주고 싶은
창업은 용기다
/ 위기는 준비된 자만의 기회 /

은 수준이었다. 그리하여 양수-덕평 간 교량의 방호책 공사에 KR의 제품을 사용하는 것으로 결정되었다.

그러나 최종 승인기관인 건설부에 승인서를 냈는데 어쩐 일인 지 다른 업체들과는 달리 우리의 승인서는 접수조차 받아주지 않았다.

영문을 알 수 없었다. 이후 다른 공사들에서도 KR만 승인이 나질 않았다. 그리고 이어서 'KR은 사기꾼 기업이다', '불량부실업체다'라는 얼토당토않은 말들이 들려오기 시작했다. 나는 어찌 된 영문인지를 알아보았다.

사정을 알아보니 KR이 이전에 시공한 신행주대교 방호책 공사에서 설치한 방호책이 불량제품이라 공사에 참여할 수 없다는 것이었다. 우리로서는 억울하기 짝이 없는 일이었다. 신행주대교 붕괴 후 재시공된 그 공사는 매우 까다로웠던 공사로 KR은 최고의 제품으로 시공을 마친 뒤였다.

늘 최고의 제품을 시공하는 것을 자부심과 긍지로 여겨온 우리에게는 청천벽력 같은 말이 아닐 수 없었다. 사태의 내막인즉 이러했다.

당시 다른 업체들이 시공한 방호책은 모두가 페인트로 도색한 제품이었다. 그런데 방호책에 페인트를 칠하면 나중에 부식이 되면서 페인트가 떨어져 강물이 오염되는 것을 막을 수 없었다. 그래서 우리는 아연으로 용융 도금한 제품으로 시공하기로 결정하고 제품을 만들어 시공했다. 원가가 훨씬 더 들어가는 공사였다.

그뿐 아니라, 당시에는 도금 공장이 KS가 아닌 공장도 있었지만 우리는 더 비싼 KS공장에서 도금을 했다. 당시 도금 회사의 기술부족으로 표면이 매끄럽지가 않았는데, 그것은 우리나라 도금 기술의 한계였다. 그런데 이를 두고 다리 시공사인 종합건설사 측에서 건설부에 방호책이 불량제품이라고 말했다는 것이었다. 들리는 말로는 건설부 간부가 불량기업인 KR을 모든 사업에 절대 참여시키지 말라고 지시했다는 것이다.

우리로서는 꿈에도 생각하지 못했던 일이었다. 하지만 실제로 그 이후로는 KR의 어떤 공사도 승인이 나지 않으니 회사로선 심각한 위기가 아닐 수 없었다. 애써 감독관을 설득시킨 양수-덕평 간 교량 방호책 공사도 무산될 형편이었다.

건설부 간부를 만나 사정을 설명하려 했지만 그는 만나주지조차 않으려 했다. 나는 우선 그를 만나기 위해 백방으로 애를 썼다. 다행히 주변에서 날 잘 아는 사람이 주선해 간신히 그 건설사 간부를 만날 수 있었다.

그의 앞에서 나는 말했다.
"바쁜 시간에 이렇게 만나주셔서 감사합니다. 하지만 저는 KR을 봐달라고 하거나 사정하러 온 게 아닙니다. 당신이 시행사인 종합건설사의 말만 듣고 KR을 불량부실업체로 낙인을 찍은 사건에 대해 해명하기 위해 왔습니다."

그가 불만 가득한 표정으로 나를 바라보았다. 나는 말했다.
"우리가 신행주대교에 설치한 방호책이 불량제품이라고 하시는데, 일본 기준으로 본다면 불량이 맞습니다. 그들은 방호책 표면도 자동차 도색 수준으로 해서 내구성이 몇 십 년을 가는 제품을 만듭니다. 하지만 우리는 아직 그런 기술수준에 도달하지 못했습니다. 우리가 한 용융도금 제품은 현재 한국의 기술수준에서 최선의 선택이었고 그것도 우리가 유일합니다. 다른 회사 제품은 모두 표면에 페인트칠을 하는데 이것은 시간이 지나면 부식되어 떨어져 강물을 오염시킵니다. 현재 KR을 제외한 모든 업체에서 나쁜 제품이란 인식도 없이 모두들 페인트 제품을 쓰고 있습니다. 우리가 한 용융도금은 이것을 방지하기 위해 우리가 선택한 방법입니다. 제 말이 의문스럽다면 직접 확인해 보셔도 좋습니다."

젊음에게 들려주고 싶은
창업은 용기다
/ 위기는 준비된 자만의 기회 /

나는 자료를 보여주며 설명했다.
"우리 제품은 강물 오염을 원천적으로 차단한 제품입니다. 그래서 제품 단가도 다른 회사보다 더 비쌉니다. 도금업체도 유일한 KS회사를 선택해 제품을 만들었습니다. 비록 표면이 다소 거칠지만 이것은 우리나라 도금기술의 한계로 어쩔 수가 없는 일입니다. 만약 내 말에 한 마디라도 거짓이 있다면 우리 KR은 앞으로 건설부 사업에는 참여하지 않겠습니다."

내친 김에 나는 앞으로의 계획까지 말했다.
"일본은 이미 부식방지와 페인트 칠이 필요 없는 고강도 알루미늄을 사용해 방호책을 제작하고 있습니다. 이 제품은 차량 충격을 흡수하면서 도금도 필요 없는 첨단제품입니다. 우리도 이미 이 제품을 만들었고 그것으로 '토목의 날 전문건설기술대상'을 받았습니다. 비록 지금은 워낙 단가가 비싸지만 유지관리 비용을 생각하면 합리적이라고 생각해 금번 양수-덕평간 방호책 공사에 적용해 보는 것으로 감독관과 감리기관에 협의를 마친 상태입니다."

내 말을 처음부터 한 마디 대꾸도 없이 잠자코 듣고만 있던 건설부 간부가 일어서더니 악수를 청했다.

"무언가 내가 잘못 알았던 것 같군요. 대단한 일을 하셨습니다. 큰일을 하셨습니다!"
다행스럽게도 건설부 간부는 나의 말에 공감해주었다. 뿐만 아니라 그로 인해 우리는 무난히 남한강 도로 교량 공사에 양수-덕평간 방호책을 납품하는 성과를 거두었다.

이 또한 정도 경영으로 품질에 대한 자신감이 있었기에 무사히 넘길 수 있었던 일이었다. 정도 경영이란, 나쁜 제품을 만들지 않는 게 아니라 좋은 제품을 만드는 적극적 경영을 말한다.

기업인은 좀더 완벽한 제품을 만들려는 노력이 해야 하고, 나라와 고객에 이익이 되는 제품을 만들기 위해 고민해야 한다. 그렇게 된다면 그것은 결국은 기업의 이익으로 돌아오게 되는 것이다.

TIP 9. 게으름뱅이들의 6가지 단골 레퍼토리

1. 게으름을 신중함으로 미화한다. – "아직 확실치가 않아. 실패하면 큰일이니 좀 더 알아보고 다음에 해야지"라며 선택과 시작을 미룬다.

2. 둘째, 눈앞의 즐거움에 집착한다. – "오늘까지만 놀고 내일부터 잘 살자!" 게으름 중독에 빠진 사람들의 흔한 변명이다.

3. 셋째, 게으름을 효율성으로 미화한다. – '닥치면 다 하게 돼 있어' 하며 마감이 닥쳐야 일을 시작한다.

4. 넷째, 게으름은 자신의 선택이 아니라고 부인한다 – '게으름은 우리 집안 내력이야' '회사 일이 워낙 바빠서…'라고 핑계를 댄다.

5. 다섯째, 게으름을 철학으로 미화한다. – '내가 하기 싫은 일은 절대 안 해!' '일에는 때가 있는 법' '인생? 즐기면서 사는 거지' 등으로 미화한다.

6. 여섯째, 게으름을 여유로 위장한다. – 여유와 게으름은 다르다. '여유'란 할 일을 하면서 충분히 쉬는 '능동적 선택'이지만, '게으름'은 할 일도 안 하면서 제대로 쉬지도 못하는 '선택 회피'에 불과하다.

   (〈조선일보〉에서 인용)

젊음에게 들려주고 싶은
창업은 용기다
/ 위기는 준비된 자만의 기회 /

위기를 기회로(5)_NGO단체 고발사건
어느 날, 한 NGO 단체에서 통보가 왔다. KR을 감사원에 고발할 예정이라는 것이었다.

고발 내용은 교량받침을 불량제품으로 썼다는 것이었는데, 자기들이 실시한 시험에서 기준에 미달하는 제품으로 드러났다는 것이었다. 그래서 도로공사 입회 하에 제품 실험을 하겠다고 했다.

하지만 이는 우리로서는 참으로 억울한 일이 아닐 수 없었다. 교량 부품의 고무제품은 일정한 시간이 지나면 노화가 되어 교체해야 한다.
설치 당시 우리가 사용한 부품은 수 차례 시험에서 기준에 적합한 온전한 제품이었다. 하지만 그것은 몇 년 전의 일로 이미 부품은 약간의 노화가 진행되어 있었던 것이다. 그러므로 노후화된 제품을 시험하면 당연히 기준에 미달하는 것으로 나올 수밖에 없는 것이었다. 기준을 문제 삼으려면 새 제품을 대상을 해야 하는 것이 옳은 것이다.

우리는 그들을 찾아가 그러한 사정을 설명했다. 하지만 그런데도 NGO단체에서는 막무가내로 기준 미달의 불량제품을 쓴 기업이라고 우리를 성토하는 일을 멈추지 않았다. NGO단체에서 떠들어 대니 공사를 주관한 도로공사에서도 이를 문제 삼으려는 눈치였다.

난감한 일이 아닐 수 없었다. 생각 끝에 나는 MBC의 시사보도 프로그램인 '카메라 출동' PD를 찾아갔다. 일이 이렇게 된 바에야 공개적으로 정면돌파를 하자는 생각이었다. 나는 카메라 출동 PD에게 제안했다.

"NGO단체에서 문제 삼은 부품을 '카메라 출동' 프로그램에서 공개적으로 시험해 문제가 있다면 방송해 주십시오!"

그리고 관련 자료들을 건넸다. PD는 자신들이 기획하지 않은 문제를 두고 실험까지 할 수는 없는 일이라며, KR의 주장이 상황에 부합하고 신빙성이 있어 보이니 자신이 한번 NGO단체와 대화를 나눠보겠다고 했다. 결국 일은 PD의 설득에 납득을 한 NGO단체에서 고발을 철회함으로써 일단락이 되었다. 이 또한 정도 경영을 통해 문제없는 제품을 생산하고 시공하였기에 별 탈 없이 마무리될 수 있었던 일이었다.

위기를 기회로(6)_오해로 빚어진 위기
오해로 인한 어이없는 위기도 있었다.
강원도에서 버스가 교량 아래로 추락하는 사고가 났다. 인명 피해도 큰 사고여서 언론에서도 사고를 대대적으로 기사로 다루었는데, 자연스럽게 교량 난간의 안전성 문제가 부각되었다. 그러자 건설부에서 전국에 시공된 교량 난간의 부실 여부를 점검하기 시작했다.

거의 대부분의 회사들이 그들이 제작한 시설물이 문제가 돼 벌금을 부과 받고 제재를 당하는 등 당국으로부터 적지 않은 불이익을 당했다. 대기업 건설사들 마저 영업정지를 당하고 벌금을 부과 받았다.

그러나 유독 KR만은 부실 문제 대상에서 벗어나 어떤 제재도 받지 않게 되었다. 제품 모두가 KS 규격 제품을 사용했기 때문이었다.

상황이 이렇게 되자 업계에서 이상한 말이 돌기 시작했다. 건설부의 점검이 KR의 사주로 벌어진 일이라는 것이었다. 터무니없는 얘기였지만 불이익을 당한 기업들 입장에서는 그 말을 믿는 눈치였다.

그로 인해 기업들에서는 KR을 배제하는 분위기가 형성 되었다. 어떤 기업에서는 KR의 출입조차 허락하지 않았다. 실제 우리는 모 대기업에는 5년 동안 들어가지 못하는 등 많은 억울한 일을 당

젊음에게 들려주고 싶은
창업은 용기다
/ 위기는 준비된 자만의 기회 /

해야 했다. KR에 큰 위기가 닥쳐온 것이 분명했다.

어쩔 수 없이 우리는 지방업체를 찾아 다니며 영업을 해야 했다.
그런데 이때 성수대교 붕괴 사고가 일어나고 이어 이듬해 삼풍백화점이 무너지는 사고가 발생했다. 이렇게 되자 건설 분야에서 안전성을 강화하고 건설제품의 품질을 제고해야 한다는 요구가 사회 전반에서 대대적으로 일어났다.

그런 가운데 KR의 제품 품질 제고 노력이 재평가를 받기 시작했다. KS 규격 제품인 우리 제품에 대한 수요가 덩달아 늘어나면서 회사도 큰 성장을 이룰 수 있었다. 참으로 극적인 전화위복이 아닐 수 없었다.

기회는 종종 위기의 모습으로 찾아온다. 위기 또한 마찬가지다. 어쩌면 위기와 기회는 동전의 양면 같은 것인지도 모른다. 힘들지만 무사히 극복된 위기는 역전의 기회가 된다. 하지만 반대로 자기에게 찾아온 기회를 잡지 못하고 흘려버린다면, 그것은 곧 위기가 되어 당신을 공격할 지도 모른다. 위기를 두려워만 하지 말 것이며, 찾아온 기회는 절대 놓치지 말아야 할 일이다.

위기를 기회로(7)_국정감사
또 한번의 위기가 찾아왔다. KR은 다리 방호기술을 자체 개발해 건설기술 대상을 탔다. 컴퓨터 실험을 통해 개발한 그 기술은 이후 업계의 보편적 기술이 되었을 만큼 많은 업체들이 KR의 기술을 쓰고 있다. 2004년의 일이다.

그런데 이를 시기한 한 업체에서 우리의 다리 방호기술에 문제가 있다고 투서를 했다. 이것이 언론 등을 통해 기사화되고 국회의원들까지 이를 언급하면서 큰 사회문제로 부각되기에 이르렀다. 교량의 안전 문제는 사회가 큰 관심을 가지는 문제였기 때문이었다.

KR에 대한 공격이 집중포화처럼 쏟아졌다. 실차 충돌실험을 하지 않은 기술이다, 규격에 맞지 않다, 부실 시공이다. 사방에서 쏟아지는 의혹과 비난으로 회사가 견디기 어려운 지경이었다. 이러다가는 회사가 쓰러질 지도 모르겠다는 위기감이 느껴졌다.

실제 전국 곳곳에 그 기술을 적용한 제품을 설치했는데, 그 제품에 문제가 있다면 이를 모두 다 뜯어 재시공해야 할 판이었던 것이다. 그럴 경우 회사는 버텨낼 수 없을 것이다.

회사가 도산할 지도 모를 위기상황이었다. 이때도 나는 먼저 흔들리는 직원들을 안심시켰다.
"변명하지 말자. 변명은 잘못이 있는 사람들이 하는 일이다. 우리에게는 제품에 대한 확고한 자신감이 있다. 왜 우리가 변명해야 하는가. 우리는 최고의 제품을 만들었으며 우리에게는 업계의 리딩 기업이라는 자부심이 있지 않은가. 두려워하지 말고 적극적으로 대처하자."

나는 사태에 적극적으로 대처하기로 마음먹고 국정감사 자리에 섰다. 그리고 국회의원들을 향해 우리의 제품이 어떤 문제도 없음을 밝히고 교량 안전에 대한 그 동안의 나의 노력과 평소의 사명감에 대해 말했다.

"비록 우리가 실차충돌실험(실제 차량을 이용한 충돌실험)은 못했지만 이는 실상 중소기업으로서는 불가능한 큰 실험입니다. 대신 우리는 컴퓨터로 충분히 실험해서 안전에 문제가 없음을 여러 차례 확인했습니다. 그래서 기술 대상도 탄 것입니다. 이 제품에 대한 우리의 믿음은 확고합니다."

다행히 국회의원들이 나의 진심 어린 호소를 납득하고 받아들여주었다. 시공 제품을 다시 뜯어 재 공사하는 불상사는 피할 수 있었고, 점차 사회의 비난도 수그러들기 시작했다. 지금 다시 생각해도 아찔한 순간이 아닐 수 없었다. 한 가지 다행스러운 점은 이 논란을 계기로 후일 도로공사가 완벽한 실차 충돌실험을 하게 되었다는 사실이다.

제품에 조금의 하자라도 있었더라면 이 위기를 무사히 넘길 수 없었을 것이며 회사 존립의 뿌리가 흔들렸을 것이다. 자신의 제품과 기술에 대한 확고한 믿음은 모든 어려움을 이기는 가장 강력한 무기가 된다는 것을 다시 한번 깨닫는 계기가 된 사건이었다.

위기를 기회로(8)_특허소송과 분쟁, 그리고…
KR은 특허, 의장등록, 실용신안, 디자인등록 등 550여개가 넘는 특허관련 자산을 가지고 있었다. 특허를 이용하여 대전 세계엑스포 교량난간을 멋지게 가설하였고, 유성 가천대교 교량난간을 시공하였다. 이러한 기술을 변형, 발전시킨 다양한 기술로 이후 일산신도시와 동탄, 판교 신도시의 도시경관과 어우러지는 교량난간을 시공할 수 있었고 지금도 가끔 지나다 보면 감회가 새롭다.

특허, 교량받침대와 관련하여 위기가 다시 찾아왔다.
기존의 교량받침대는 강철로 제작되었기 때문에 신축성이 결여되어 계절의 변화에 따라 교량 안전에 위해 요소로 작용하였다. KR은 강철교량받침대를 고무패드로 바꾸어 교량내구성을 확보하는데 도전하여 이를 이루어냈다. 그런데 여기에 특허분쟁이 발생했다. KR의 교량받침대에 고무패드를 사용하는 기술 등에 대하여 먼저 연구한 한국기업 A업체가 부정경쟁방지법 및 의장등록 특허소송을 제기해 위기를 맞게 되었다.

그러나 교량내구성확보를 위해서는 고무패드의 시공이 반드시 필요하고 이는 세계적인 기술의 흐름이었기에 포기할 수 없었다. 포기한다는 것은 KR의 미래가 없다는 것과 같은 의미였다.

나는 고민을 거듭했다.
고민 중에 무작정 한국기업 중 고무제조분야에서 최고의 기술을 가진 동일고무를 찾아갔다. 동일고무는 한국에서 고무제조에 가장 기술력이 앞선 기업으로 실험실, 인력, 자본을 모두 갖추고 있었다. KR의 고민과 KR이 지배하고 싶은 시장상황, 수요창출과 해외진출 등의 가능성을 열심히 설명하고 함께 시장에 진출하자고 제안했다. 처음에는 탐탁하지 않게 반응하던 동일고무는 시장에 대한 가능성과 나의 열정에 어느 정도 반응을 보이기 시작했고, 거듭되는 미팅을 통하여 결국 동일고무의 고무제조기술과 KR의 토목기술을 결합하는 전략적 제휴에 합의했다.

이후 국내 최고의 품질로 특허분쟁을 극복하고 A업체와 경쟁하여 시장점유율을 80%까지 장악하며 승승장구하게 되었다.

그러던 시기에 교량신축이음장치에서도 일본회사의 특허제품이 우리가 이미 수주한 교량신축이음장치보다 우수성이 있다는 이유로 전부 바뀔 뿐만 아니라 새로운 수주가 불가능한 상황에 처하게 되었다.

다시 고민을 거듭하였고 결국 일본에 특허기간이 만료된 유사한 기술을 찾아내어 여기에 우리가 약간의 변경기술을 접목한 제품을 카이스트 토목과에서 검증을 하여 시장에 선보였다. 결국 우리는 다시 시장선점하고 시장점유율을 확대하게 되었다.

이후 특허소송과 인맥을 동원한 한국회사의 협박과 회유 등에서 카이스트의 연구결과는 결정적인 기여를 하게 되었다.

위기는 준비된 자, 준비하는 자만의 기회가 된다는 것은 분명하다는 교훈을 얻게 된 사건이었다.

/
시작하는 젊음에
던지고 싶은 말

젊음에게 들려주고 싶은
창업은 용기다
/ 시작하는 젊음에 던지고 싶은 말 /

/

"사실 세상의 모든 인간은 어떤 형태로든 서로 연결되어 있고,
살아가면서 다른 인간의 삶과, 사회에 직간접적으로
간여하고 기여하게 된다."

/

이익을 못 내는 기업인은 죄인

창업을 하고 싶다면 이 말을 명심하기 바란다.

"기업은 이윤추구가 목표이고, 이윤추구와 더불어 생존이 중요하다고 한다. 그러나 기업의 이윤 추구의 목표는 그냥 이루어지지 않는다. 강력한 의지를 가진 기업가 정신, 기업인이 이익을 못 내면 죄인이라는 인식이 중요하다."

나는 체육학을 전공하고 잡자재 영업으로 기업인이 되었다. 학문적으로도 경영과는 거리가 멀었지만 창업하면서 시작한 비즈니스도 경영이라기 보다는 영업이 전부였다.

그래서 사업을 시작하여 직원이 생기면서부터는 매번 회계마감이 되면 회계사를 불러서 설명을 열심히 경청했다. 그리고 경청하면서 궁금한 사항을 하나씩 메모하고 기록했다가 물어보고 확인하고 또 물어보았다.

젊음에게 들려주고 싶은
창업은 용기다
/ 시작하는 젊음에 던지고 싶은 말 /

기업가가 재무상태표(재무제표)를 모른다는 것은 말이 안 되는 이야기다. 대표이사에게는 위험 요인이 많다. 그럴수록 대표이사는 안전 하려고 노력해야 하고 늘 개인의 위험, 기업의 위험으로부터 안전해야 한다는 것을 깊이 인식하고 준비해야 한다.

나는 KR을 경영하는 동안 수많은 도전과 위기, 기회를 맞이하고 새로운 것을 시도하고 이루어 왔다. 이런 KR의 경험적 암묵지를 형식지로 만드는데 게을리하지 않았다. 또한 기업인으로서 이익을 내지 못한다는 것은 죽기보다 싫었고 이를 이루어냈다.

    기업인은 이익을 못 내면 죄인이다.
    직원들 앞에 죄인이고 그 가족에게 죄인이다.
    사회에 죄인이고 국가에 죄인이다.

설득의 힘

현대그룹의 정주영 회장이 영국에서 현대조선 건립 자금을 빌리려 했을 때의 얘기다. 차관을 얻으려면 영국 수출신용보증국의 보증을 받아야 되는데 그 곳에서는 배를 살 사람이 있다는 사실을 먼저 증명해야 승인을 해준다는 것이었다. 정 회장은 여러 곳을 수소문했으나 아직 건립도 하지 않은 조선소에서 배를 사겠다고 나서는 사람이 있을 리가 없었다.

하지만 정 회장은 낙심하지 않고, 오히려 단단히 결심한 채 그리스로 날아가 선박 왕 오나시스의 처남 되는 리바노스란 사람을 만났다.
"나는 한국의 정주영입니다. 제가 한국에 조선소를 하나 건립하려 하는데, 세계에서 제일 튼튼하고 좋은 배를 만들어 주겠으니 계약서를 한 장 써주시오."

하지만 그런 말 한 마디에 배를 사겠다고 할 사람이 어디에 있겠는가. 리바노스는 "당신이 배를

젊음에게 들려주고 싶은
창업은 용기다
/ 시작하는 젊음에 던지고 싶은 말 /

만들었다고 해도 한국에서 고작 소형 배나 만들었을 텐데 무얼 믿고 당신의 배를 산단 말이오?"라고 했다.

그러나 정 회장은 태연하게 품속에서 500원짜리 지폐를 그에게 펴 보이며 이렇게 말했다.
"우리는 400년 전에 이미 세계 최초로 군함을 만들었고, 그 군함으로 세계 최강인 일본 해군과 23번 싸워 23번을 이긴 실력을 가지고 있소. 나를 믿고 배를 산다면 틀림없이 좋은 배를 만들어 제때에 인도하겠으며, 위반 시 계약금의 원금에다 이자까지 지불하겠소."

그 말에 리바노스는 "아! 거북선이라면 나도 영국에서 대학을 다닐 때 그 얘기를 들은 적이 있소. 그것이 사실이요?"라고 놀라워했다.
"물론입니다"
"그 당시에 철갑선을 만들었다면 그것은 대단한 기술이요. 그런 나라 사람이라면 당신에게 신뢰가 갑니다. 당신의 그 배짱에 나는 감동을 받았소. 당신을 믿고 배를 구입하겠소."

리바노스는 그렇게 흔쾌히 정 회장의 요청을 수락해 주었다. 그때까지 우리나라에서 만든 가장 큰 배는 1만7천 톤짜리가 고작이었다. 그런데 아직 짓지도 않은 현대조선소에서 리바노스와 무려 26만 톤짜리 큰 배 두 척을 계약한 것이었다. 정 회장은 그렇게 해서 배를 팔 수 있다는 증명서를 첨부해 영국 신용수출보증국에 제출하고 조선소를 지을 돈을 빌리게 되었다.

문제를 해결하는 방법에는 여러 가지가 있을 수 있다. 그 가운데 가장 강력한 힘을 발휘하는 방법 중에 하나가 설득이다. 설득은 설명하여 상대를 납득시키는 것을 말한다. 그리고 설득이 수행할 수 있는 일은 참으로 많고 다양하다.

설득을 통해 우리는 상대의 마음을 밖으로 드러내게 할 수 있으며, 적을 동지로 만들기도 한다. 인간관계를 강화시키기도 하며 협상에서 원하는 것을 얻을 수도 있다. 더욱 많은 거래를 성사시

젊음에게 들려주고 싶은
창업은 용기다
/ 시작하는 젊음에 던지고 싶은 말 /

킬 수 있고 상대와의 신뢰를 구축하고 다른 사람을 내 영향력 안으로 끌어들일 수 있다. 많은, 놀라운 일을 수행하는 것이 바로 설득의 힘이다.

누군가를 설득하는 일이 한 개인의 인생에서 얼마나 중요한 지를 알려주는 좋은 사례가 있다.

크리스토퍼 랭건이란 미국인은 평범한 IQ 테스트로는 측정이 안 되는, 천재를 위한 슈퍼 IQ테스트에서도 한 문제를 빼고는 다 맞힌, 백만 명 중에 한 명 나올까 말까 한 천재였다. 그런데 50대에 이른 현재 그는 말목장에서 동물을 돌보며 평범하게 살아가고 있다. 그에게 무슨 일이 있었던 것일까?

랭건은 가난한 집안에서 태어나 자라났다. 그의 뛰어난 재능을 알게 된 리드 대학으로부터 전액 장학금을 주겠다는 제의를 받고 입학했지만 재정지원서류를 제때 제출하지 않아 결국 장학금을 박탈당했다. 그 후, 다시 몬태나 주립대학에 등록했지만 교통편 문제로 오전 수업을 오후로 옮기려다 거절당해 대학을 자퇴했다. 이후 그는 제도교육과는 담을 쌓은 채 생계를 위해 건설현장을 전전하며 살아야 했다.

왜 그에게 이런 일이 일어났을까? 랭건은 자신에게 장학금이 필요한 이유를 대학 측에 설명하여 설득하지 못하고 스스로 대학을 그만 두는 길일 택했다. 또 수업을 오후로 옮기는 것조차 학교를 설득해내지 못해 다시 대학을 포기했다.

랭건의 예는 사람의 성공에 그의 재능이나 노력뿐 아니라 사회적 교류 능력, 즉 상대와 친밀한 관계를 형성하고 상대를 설득하는 일이 얼마나 중요한 지를 잘 보여주고 있다. (말콤 글래드웰 저 〈아웃 라이어〉)

정주영 회장이 지폐 한 장으로 수십만 톤 규모의 배를 두 척이나 팔았던 것도 설득의 힘이며, 과

거 내가 홀몸으로 일본의 큰 기업인 '일본경금속'을 찾아가 임원들의 프레젠테이션을 받은 것도 설득의 힘이었다.

기업하는 이들은 수많은 판단의 순간과 함께 상대를 설득해야 할 순간을 맞이한다. 이때 유연하고 적절한 설득의 힘은 놀라운 일의 성과를 보여준다. 영업을 하고 사업을 하는 사람이라면 반드시 이 설득의 방법과 그 영향력에 대해 진지하게 생각하고 연구해 볼 일이다.

직업관과 사업관

대부분의 사업이 어느 정도 사회 공익성의 성격을 띠지만 특히 건설 사업은 사회에 끼치는 공익 효과가 큰 사업이다. 그 가운데서도 교량은 도로, 항만, 철도 등과 함께 사회간접자본(SOC)으로 공공적 가치가 매우 크다.

굳이 이런 거창한 말로 사업의 공익성을 운위하지 않더라도 나는 내가 하는 사업이 우리 사회의 성장과 인간의 삶의 질 향상에 도움이 되었으면 하는 마음이 컸다. 내가 사업을 시작하고 나서 5년 넘게 사업 아이템을 정하지 못하였던 것도 일본의 교량 기술전문기업들을 방문하고 나서야 비로소 사업의 방향을 결정한 것도 사업의 공공성에 대한 기준이 중요한 선택요인이었기 때문이다.

사실 세상의 모든 인간은 어떤 형태로든 서로 연결되어 있고, 살아가면서 다른 인간의 삶과, 사회에 직간접적으로 간여하고 기여하게 된다.

예를 들어 우리가 가지고 있는 직업을 생각해 보자. 흔히들 자신들의 직업을 자신과 가족을 위한 생계수단이나 이루고자 하는 꿈의 도구로 생각하지만 자세히 들여다보면 세상의 모든 노동은 실은 다른 사람을 위한 노동인 측면도 없지 않다.

젊음에게 들려주고 싶은
창업은 용기다
/ 시작하는 젊음에 던지고 싶은 말 /

생각해 보라, 내가 가족을 부양하기 위해 공장에서 열심히 만든 방한 점퍼가 강원도 산골에서 농사짓는 아무개 씨에게는 겨울을 따뜻하게 날 수 있게 해주는 고마운 옷이 될 것이며, 새벽같이 일어나 운전대를 잡는 택시 기사는 중요한 바이어를 마중하기 위해 시간 안에 공항으로 달려가야 하는 어느 신입 직장인에게 또 얼마나 고마운 사람인가.

나는 자신을 위해 일하고 있지만 나의 노동은 남모르는 누군가의 삶을 윤택하게 만드는데 일조하고 있고, 마찬가지로 누군가의 노동덕분에 나도 편안하게 살고 있는 것이다. 그렇다면 내가 업으로 삼고 있는 일에 책임감을 가지고 최선을 다하며 살아야 하지 않을까?

그러므로 사람들이 먹는 식품에 넣지 말아야 할 식품첨가제를 넣어서는 안 되며, 사람들이 살 집이나 건물을 짓는 사람들은 건축비를 빼돌리기 위해 불량자재를 써서는 안 되는 것이다.

개인이 이럴진대 기업의 책임은 더 말할 것도 없다.
기업은 다수의 개인이 모여서 보다 큰 이익을 창출해내는 집단이므로 그 책임감 또한 막중할 수밖에 없다. 기업 또한 사명감을 가지고 최선을 다해 기업을 운영해야 하는 것이다.

그러므로 교량 시설물 시공 사업을 하는 나는 최대한 다리를 튼튼하게 만들어 사람들이 안전하게 다리를 건너 다닐 수 있도록 해야 하고 아름다운 다리를 만들어 도시경관에 이바지 해야 하는 것이다.

이것이 내가 생각하는 노동의 의미이고 기업의 공익성이란 것이다.
그런 점에서 기업인은 가능하면 많은 세금을 낼 수 있도록 힘써야 한다. 세금을 많이 낸다는 것은 기업의 이익이 그만큼 크다는 것을 의미하는 것이고 또 많은 세금으로 국가에 기여하는 것이 되기 때문이다. 나는 회사를 법인화하기 전까지 목동 지역 내에서 최고 납세자로 재무부장관의 우수납세상을 받았으며, 그 후에는 우수납세법인으로 재무부장관 표창을 받았다.

장학금 등을 통한 직접적인 기여 방법도 있다. KR은 5군데에 매년 장학금을 지급했는데, 종업원들에게도 의무적으로 월 1천 원씩을 내게 했다. 비록 적은 금액이지만 자신들도 사회에 기여하고 있다는 사실을 자각하고 있도록 하기 위해서였다.

기업과 노동의 의미
교량용 내진제품을 개발하면서 새로운 기술의 제품을 만들기 위해서는 다양한 분야의 기술 협업이 반드시 필요하다는 것을 나는 절실하게 깨달았다. 당시 우리가 개발한 내진제품만 하더라도 토목구조학 전문가 + 고무(고분자학) 전문가 + 생산기술전문가 + 금형 성형기술전문가 + 기계공학 전문가 + 금속학 전문가 등의 기술이 결합되어, 하나의 새로운 기술이 탄생되고 완성된 제품이 탄생된 것이다.

하지만 이런 작업은 실상 웬만한 중소기업으로서는 엄두가 나지 않는 일이며, 웬만한 열성으로도 불가능한 일이다. 그렇지 않으면 전문기관의 기술과 도움이 필요한데 그러려면 또한 채널이 있어야 했다.

내진 제품 기술 개발과 생산 과정에서 새삼 느낀 바지만, 중소기업이 첨단 기술을 확보하는 일이 참으로 어려운 일이며, 그 어려움은 대개 기술 인력 확보의 어려움에 기인한다.

한국인이 우수하다는 것은 모두가 아는 사실이지만 개개인의 우수함이 사장되지 않고 제대로 발현 될 수 있도록 아우르고 뒷받침 해주지 못한다면 아무 의미 없는 일이 될 것이다.. 이를 수행할 민간기업 단위의 기술연구소가 반드시 필요하다는 생각이지만 쉬운 일이 아니다. 정부의 관심과 노력이 필요한 부분이다.

기술에는 소재기술(핵심기술)과 복합기술(응용기술)이 있는데, 많은 시간과 노력이 필요한 원천

젊음에게 들려주고 싶은
창업은 용기다
/ 시작하는 젊음에 던지고 싶은 말 /

기술인 소재기술은 중소기업으로서는 사실상 확보가 어렵다. 중소기업은 실용기술인 복합기술을 우선시하고 이에 주력하는 것이 더 용이하다.

KR은 600여 개에 달하는 특허를 확보하였는데, 원천기술인 특허와 디자인 특허도 적지 않지만, 특히 실용신안특허가 많다. 비싼 로열티를 주지 않아도 될 뿐 아니라 제품 성능을 보편화하는 데 특허를 확보하는 일보다 중요한 것은 없다.

이러한 풍부한 산업재산권 덕분에 KR은 연간 약 2억 원 가량의 로열티 수입을 올렸다.

앞에서도 언급하였지만, 하나의 기술 개발에는 다양한 기술 과정이 필요하다. 하지만 이 모든 분야를 아우르는 인재는 사실상 세상에 없다. 하지만 분야의 전문가는 적지 않다. 그러므로 새로운 기술 개발자에게는 이를 융합하는 능력이 필요하다.

어떤 기술을 개발하겠다는 목표를 세우면 그 과정에 대한 면밀한 분석이 필요하다. 어려움은 있겠지만 어떤 분야든 최고 기술자는 있게 마련이고 우리 사회 속에는 그런 역량을 가진 인재가 충분히 있다. 경영자에게는 거기에 맞는 기술개발전략을 찾아내고 융합하는 능력이 필요하다. 무엇보다 기술 개발에 대한 절실한 필요가 있어야 하며, 그에 맞는 개발 전략을 찾아내는 노력이 뒤따라야 할 일이다.

일도, 사업도 사회 기여에 대한 자긍심이 있어야 한다. 특히 폭 넓은 사회성을 지니는 기업은 특히 그러하다. 기업가에게 돈은 부차적인 것이어야 한다는 것이 나의 기업가 정신, 경영철학이다.

기업인으로서 뭔가 사회의 취약부분을 개선하는 일에 기여해야 한다. 내가 다니는 직장이 사회에 기여하는 기업이라면 그것이 곧 직원들 개개인의 자부심이 된다. 그것이 기업의 일원인 직원으로서 그들이 받을 수 있는 노동에 대한 진정한 보상이다.

젊음에게 들려주고 싶은
창업은 용기다
/ 시작하는 젊음에 던지고 싶은 말 /

고통 없는 희열은 없다.
KR뿐 아니라 나 자신에게도 위기의 시기가 있었다. 건강 이상 때문이었다.

사업 시작 초기, 30대 때의 일이다. 당시는 사업을 위해 정신 없이 뛰어다니던 시절이어서 건강을 돌아볼 겨를이 전혀 없었다.

언제부턴가 소화가 잘 되지 않고 속이 쓰리고 아팠다. 시간을 내 병원에 가서 진찰을 받아보니 격무와 스트레스로 인해 위염, 십이지장궤양이 심하다는 것이었다. 의사는 음식 조절과 금주를 당부했다.

하지만 늘 거래처 사람을 포함해 많은 사람들을 만나고 다니던 때여서 술을 먹지 않을 수 없었다. 스트레스 또한 마찬가지였다. 위장은 점점 나빠져 급기야 어떤 때는 깍두기 하나도 제대로 먹지 못할 지경이 되었다. 약이 떨어질 날이 없었다.

그렇게 3년 동안을 나는 속병으로 고생했다. 병원에 가서 내시경 검사를 받아보면 번번이 같은 증상이 나왔고 의사도 똑같은 말을 했다.

더 이상 이렇게는 안되겠다는 생각이 들었다. 나는 결심을 하고 그 동안 날마다 먹던 약을 모두 쓰레기통에 던져버렸다.

스트레스를 피할 수 없다면 싸워서 이기겠다, 약이 아니라 의지로 병과 싸워 이겨보겠다고 나는 결심했다.

운동을 시작했다. 점심시간마다 동네 탁구장으로 가서 땀을 뻘뻘 흘리며 열심히 운동을 했다. 음식 조절도 병행했다. 위장에 좋다는 알로에도 열심히 먹었다. 많은 시간을 투자할 수 없으니

젊음에게 들려주고 싶은
창업은 용기다
/ 시작하는 젊음에 던지고 싶은 말 /

조금씩이라도 꾸준히 운동하고 관리하려고 노력했다. 그렇게 6개월이 지나자 위장의 통증이 줄어들기 시작했고 음식을 먹어도 소화가 잘 됐다. 약을 달고 살아도 3년 넘게 낫지 않고 나를 괴롭혔던 지긋지긋한 위장병으로부터 나는 해방된 것이었다.

그 후로도 나는 스트레스가 쌓이거나 몸이 좋지 않으면 땀을 뻘뻘 흘리는 운동으로 해소를 했다. 예전처럼 탁구도 치고 5Km씩 달리기도 했다. 그런 습관을 가지게 되면서 나는 더 이상 위장병으로 고통을 받는 일이 없어졌다. 이전보다 건강이 더욱더 좋아졌음은 물론이다.
이후, 나는 내 몸의 한계를 경험해보고 싶다는 생각을 하면서 여러 가지 모험에 도전했다.

55세 때는 마라톤 풀 코스를 완주했다. 짐작했던 것보다 굉장히 고통스러운 경험이었지만 포기하지 않고 완주에 성공했다.

그 두 해 후에는 설악산 대청봉에 올랐고, 지리산을 종주했다. 한 세상을 살면서 그 좋은 산들을 올라보지 못하고 간다면 틀림없이 무척 아쉬울 것이라는 생각에서였다. 힘겨운 산행 끝에 대청봉 정상에 올라 세상을 굽어보았을 때 느꼈던 그 희열과 만족감은 지금도 쉽게 잊혀지지 않는다.

또한 히말라야 트레킹에 나서 3,400m 고지의 푼힐 전망대도 정복했다. 함께 트레킹을 한 20대 젊은이 둘은 낙오해 헬기를 타고 산을 내려갔지만 나는 1박2일 동안을 한걸음 한걸음 내 지나온 삶을 되짚듯 쉬지 않고 걸어 마침내 목적지에 도착했다. 체력적으로 나보다 나았을 그들이 고산병을 견디지 못하고 낙오한 것은 아마도 젊음만 믿고 산에 대한 준비를 소홀히 한 탓이리라.

나는 앞으로도 이러한 육체적 도전을 계속해볼 생각이다. 우선은 히말라야 툰드라지역에 있다는 5,000m 고지 이상을 정복해 보려 한다. 격심한 고통을 인내로 이겨내고 다시 느끼게 될 벅찬 희열을 생각하면 벌써부터 가슴이 뛴다. 인생에 고통 없는 희열은 없는 법이란 평범한 진리를 다시 한번 생각하게 된다.

젊음에게 들려주고 싶은
창업은 용기다
/ 시작하는 젊음에 던지고 싶은 말 /

진정성으로 승부하라!

여담이 될지 모르겠지만, 기업을 경영하는 일 외에 내가 유일하게 한 일이 있다. 2년 남짓 대학에서 학생을 가르친 일이었다.

충남도립대학교(청양대학)의 총장이 내게 나의 기업 경영 경험을 학생들에게 강의해 달라고 제안해 왔다. 그는 30년 가까이 나를 지켜본 오랜 지기였다.

"요즘 대학생들은 과거 우리와 같은 패기가 없어서 큰일이오. 도전의식도 없고. 나는 당신의 도전의식과 성실함을 높이 평가하고 있소. 지금 우리 학생들에게 더욱 필요한 것은 학문적인 면보다 도전의식을 심어주는 것이라 생각하오. 우리 학교에 와서 학생들에게 당신의 사업 경험담을 들려주지 않겠소?"

나는 고민에 빠졌다. 생전 해보지 않은 강의가 부담이 되지 않을 리 없었다. 하지만 총장의 고민을 이해할 수 있었고, 그렇다면 내가 어느 정도는 역할을 할 수도 있을 것이란 생각이 들어 요청을 수락했다. 2006년의 일이었다.

강의를 맡고 나서 나는 수업뿐 아니라 개별상담이나 그룹상담을 통해 학생들과 많은 대화를 나누었다. 그리고 대화를 통해 그들에게 큰 꿈을 가지고 새로운 일에 도전해 보는 일에 망설이지 말라고 격려했다. 인생의 참된 기쁨은 어려운 일을 극복하는 데서 느낄 수 있는 것이니, 비록 현실이 어렵고 막막하더라도 꿈마저 포기해서는 안 된다고.

나는 성의껏 내가 KR을 경영하면서 얻은 경험과 사회적 기업의 성공 요소에 대해 학생들에게 들려주었다. 내가 정주영 회장을 롤모델로 삼아 꿈을 키우고 도전했듯이, 학생들도 내 이야기에 자극을 받아 꿈을 갖게 되고 또 새로운 일에 과감히 도전하기를 바랐다.

나의 강의 커리큘럼 중에 '호텔 투어'가 있다.

젊음에게 들려주고 싶은
창업은 용기다
/ 시작하는 젊음에 던지고 싶은 말 /

학생들을 대동해서 우리나라의 최고급 호텔의 객실과 시설을 둘러 보았다 워커힐 호텔의 최고 객실을 보여준 후 나는 그들에게 말했다.

"이 방은 마이클 잭슨이 한국 방문 때 묵었던 방이다. 그리고 김대중 대통령도 묵으셨던 방이다. 이 호화로운 방은 늘 새로운 주인공을 기다리고 있다. 너희들도 큰 꿈을 품고 도전해 이 객실의 주인공이 되어볼 생각이 없는가?"

나는 학생들에게 호화로운 호텔 시설을 보여줌으로써 그들 속에 잠들어 있는 성공에의 욕망을 일깨우고자 했다.

"통계를 보면, 성공한 부자들 중 20%는 부를 세습 받은 사람들이며, 나머지 80%는 자수성가한 사람들이다. 너희들이 지금 어떤 생각을 하느냐에 따라, 그리고 노력 여하에 따라 저 호화로운 객실을 이용할 수 있는 주인공이 될 수 있다. 그러려면 무엇보다 성공에 대한 절실한 꿈과 도전의식이 필요하다."

그것은 진실로 나의 진정한 바람이었다. 나는 우리의 많은 젊은이들이 현실이 어렵다고 안주하거나 포기하지 않고 거대한 꿈을 품고 도전하여 세상의 모든 훌륭한 것들의 주인공이 되었으면 하고 바랐다. 그러한 나의 진정성이 학생들의 마음을 움직였는지 그 해 나는 대학 전체 교수 평가에서 1등을 차지했다.

오늘의 행복만이 나의 것
태국 신국제공항 내 가드레일 공사 협의 차 태국을 방문하였을 때의 일이다.
태국 기업과 상담이 순조롭게 이뤄지면서 예상보다 빨리 계약이 성사되었다. 2004년 12월, 크리스마스가 가까워졌을 때의 일이다.

젊음에게 들려주고 싶은
창업은 용기다
/ 시작하는 젊음에 던지고 싶은 말 /

가장이 늘 사업으로 바쁜 터라 우리 가족은 그 동안 단 한번도 가족여행이란 것을 해보지 못했다. 내가 늘 마음으로 미안하게 생각하고 있었던 일이다. 나는 태국 출장을 기회로 삼아 크리스마스를 푸켓에서 가족과 함께 보내기로 마음 먹었다. 마침 통역으로 큰딸을 데리고 나온 터라 더욱 그랬다.

푸켓에 있는 큰 리조트를 예약하고 한국의 아내에게 전화해 크리스마스에 맞춰 푸켓으로 건너 오라고 했다. 미국에서 공부를 하고 있는 작은 딸아이도 푸켓으로 건너오기로 약속했다.

계약을 끝낸 나는 홀가분한 마음으로 푸켓으로 떠날 준비를 했다. 그런데 그때 아내에게서 전화가 왔다. 미국의 작은 딸아이가 리포트를 끝내지 못해 갈 수 없으니 가족 여행은 다음으로 미루자는 것이었다.

처음으로 계획한 가족여행이었기에 아쉬운 마음이 컸지만 다음을 기약하기로 하고 예약을 취소한 뒤 큰딸 아이와 함께 한국으로 돌아왔다.

그 이튿날 역사에 기록된 가장 강력한 지진 중의 하나가 인도네시아 수마트라섬 인근에서 발생했고 30m가 넘는 쓰나미가 해안 지역을 강타했다. 인도네시아뿐 아니라 태국, 스리랑카까지 강타한 쓰나미는 모두 23만 명의 목숨을 앗아갔다.

휴양지인 푸켓 해안에도 쓰나미가 밀어닥쳐 엄청난 피해를 당했다. 우리 가족이 여행을 가기로 했던 바로 그 때, 그 장소에 엄청난 재난의 물결이 밀어닥친 것이었다. 만약 미루지 않고 가족 여행을 갔다면 필시 우리 가족은 화를 면치 못했을 것이었다. 하나님의 섭리였고, 은혜가 아닐 수 없었다.

나는 참혹한 비극이 우리 가족의 곁에 그토록 가까이 다가왔었다는 사실에 모골이 송연 했다. 늘 단단하게 딛고 있다고 믿었던, 그래서 나를 늘 든든하게 지탱해주고 있다고 믿은 발 밑의 삶이란 바탕이 어느 순간 사라져버린 느낌이었다. 이 일로서 내가 깨달은 것은 한 가지다. 오늘 행복해야 할 일을 내일로 미루지 말라, 그 행복이 내일까지 당신을 기다려준다는 보장은 없다.

젊음에게 들려주고 싶은
창업은 용기다
/ 시작하는 젊음에 던지고 싶은 말 /

젊은이여, 새로운 세상에 도전하라!
청년 실업문제가 큰 사회문제로 대두 되고 있고, 정부도 각가지 묘안과 대책을 내놓고 있지만 그 효과는 그다지 신통치 않다. 경기가 둔화하고 내수시장이 포화되면서 기업들이 채용을 늘리는 것만으로는 청년 고용에 한계가 있는 것이다. 그래서 정부에서는 글로벌 시장에서의 청년 창업을 지원하는 일에 적극적이다. 바람직한 방향의 대책이라 생각된다.

최근 조사에 따르면 청년들에게 창업을 고려해본 적이 있는지 질문한 결과 응답자의 25.3%가 '고려해봤다'라고 답했고, '적극 고려해 봤다'는 응답도 6.4%로 나타나 전체 응답자의 3분의 1 정도가 창업에 관심이 있는 것으로 나타났다고 했다. 이처럼 우리나라 젊은이들의 다수가 창업을 희망하고 있다.

하지만 정작 창업희망 분야를 물었더니 대부분이 외식업이나 소매업 같은 생계형 창업이었고, 첨단기술이나 제조업 같은 기술형 창업을 원하는 청년들은 극소수에 불과했다. 도전과 모험정신이 가장 강해야 할 청년세대가 과감하게 혁신형 신사업에 도전하기보다 커피전문점 같은 안정적 창업을 선호한다는 것은 우리 경제의 암울한 미래를 보여주는 일이 아닐 수 없다.

이런 생계형 창업은 진입장벽이 낮은 만큼 과당경쟁으로 생존확률이 희박해질 수밖에 없어 생계형 창업자의 10명 중 7명이 5년 안에 망한다는 통계도 있다. 반면 기술형 창업은 생존율이 50%를 넘고 부가가치 창출 효과도 크다.

이러한 조사결과는 달리 말하면 우리나라에서 기술형 창업이 그만큼 쉽지 않다는 말이기도 하다. 현재 우리나라의 경제 환경이 청년들의 기술형 창업에 아주 적합한 환경이라고 말하긴 어렵다. 둔화하는 경기, 고임금, 과도한 경쟁, 초기 사업자금 문제 등 적지 않은 어려움이 예비되어 있는 게 사실이다.

젊음에게 들려주고 싶은
창업은 용기다
/ 시작하는 젊음에 던지고 싶은 말 /

Ⅰ. 제3세계에 도전하라!
눈을 들어 세계를 보면 상황이 달라진다. 제3세계 이머징 마켓이 굉장히 드넓게 펼쳐져 있다. 한국이 전부라고 생각하기 때문에 어렵고 막막한 것이지 시선을 세계로 돌린다면 국내보다 손쉽게 창업을 할 수 있는 기회의 땅이 매우 넓다.

중국, 인도네시아, 말레이시아, 인도 등 개발도상에 있는 나라들은 자국의 경제성장을 바탕으로 많은 중산층이 양산되고 있다. 아울러 그들이 필요로 하는 소비재 또한 점점 더 수요가 커질 것은 자명하다. 이러한 나라, 이러한 산업에 관심을 가지고 도전해보면 어떨까?

한국에서의 창업에 한계를 느꼈다면 무대를 옮겨 제3세계로 관심을 돌려보자.
창업비용에 대한 부담도 덜 수 있다. 우리나라에서 창업에 1억이 필요하다면 제3세계에서는 1천만 원이면 가능할 수 있다. 우리나라를 기준으로 하여 판단하고 생각하니까 모든 것이 한계 투성이고 막막한 것이다. 시선을 세계를 향해 돌려보자.

많은 외국인 근로자들이 우리나라에 들어와 힘들게 번 돈을 자본금 삼아 귀국 후 사업을 시작한다고 한다. 우리라고 왜 그렇게 할 수 없단 말인가?

언젠가 신문에서 미국 하버드 출신의 젊은이 두 명이 캄보디아로 건너가 금융회사를 설립해 크게 성공했다는 기사를 읽은 적이 있다. 같은 동양권에 있는 우리나라가 그들보다 사업에 더 유리하리라는 것은 분명한 사실이다. 미국인들이 한 일을 우리가 못할 리가 어디 있단 말인가.

Ⅱ. 4차 산업혁명이 새로운 대안이다.
우리 주변을 보면 하루가 다르게 새로운 산업이 나타나고 이에 따라 새로운 직업이 등장한다. 4차 산업혁명의 패러다임을 직시하고 새롭게 탄생하는 산업인터넷, 고객맞춤생산, 인공지능산업, 공유경제, 자율주행자동차, 스마트시티, 사물인터넷 등에서 내가 어느 부분에 기여할 수 있

젊음에게 들려주고 싶은
창업은 용기다
/ 시작하는 젊음에 던지고 싶은 말 /

는가를 끊임없이 고민하고 노력한다면 많은 새로운 기회를 만날 수 있다.

Ⅲ. 글로벌기업은 어떠한가? 당연히 새로운 기회를 제공할 것이다.
앞으로 국가간 기업간 경계가 사라질 것은 자명하고 이미 많은 다국적 기업이 이 사실을 보여주고 있다. 이에 따라 우리기업의 글로벌 수준도 상당히 높아지고 있다. 글로벌 기업에서 역량을 발휘할 수 있는 준비를 하고 국내 대기업 선호에 머물고 안주하기 보다는 글로벌 기업에 적극적으로 도전하는 것이 중요하다고 생각한다. 역량을 갖추고 글로벌 기업에 도전하는 젊음은 세상의 중심에 우뚝 설 것이다.

근시안적인 인식의 변화와 용기만 있다면 젊은이들이 자신의 꿈을 펼칠 기회의 땅은 무궁무진하다. 젊은이들이 꿈을 크게 가지고 새로운 세계에 도전한다면 반드시 큰 기회가 찾아오리라고 나는 확신한다.

**젊음에게 들려주고 싶은
창업은 용기다**
/ 시작하는 젊음에 던지고 싶은 말 /

에필로그

젊음에게 들려주고 싶은
창업은 용기다
/ 에필로그 /

/

"견디세요. 걸어서 가더라도 완주해야 합니다.
여기서 포기하면 당신은 앞으로 절대 완주하지 못할 겁니다."

/

인생을 종종 마라톤으로 비유하는 경우를 보게 된다. 인생이 마라톤처럼 길다는 의미에서 그렇게 말하는 것일 터이고, 또한 인생이 마라톤만큼 힘든 여정이라는 의미에서 그렇게 말하는 것이기도 할 것이다.

나는 55살 나이이던 6년 전에 마라톤 풀 코스를 내 인생에서 처음으로 완주하였다. 아마도 처음이자 마지막 완주일 가능성이 매우 크다.

내가 적지 않은 나이의 몸으로 마라톤 완주에 도전하게 된 것은 다소 엉뚱한 데 이유가 있었다. 평소 운동 삼아 달리기를 꾸준히 해온 터였지만 마라톤 완주가 얼마나 힘든 것인지를 들어 아는 터라 나로선 꿈도 꾸지 못하던 일이었다.

그러던차에 지인의 결혼식에 참석하였는데 주례를 맡은 어느 대기업의 부회장이 재미있는 주례사를 하였다.

젊음에게 들려주고 싶은
창업은 용기다
/ 에필로그 /

"결혼생활은 마라톤과 닮은 점이 많다. 누구나 행복한 완주를 꿈꾸며 출발선상에 선다. 그러나 달리다 보면 에너지가 소진되어 지치고 포기하고 싶어질 때가 있다. 마라톤에는 '마의 구간'이라는 것이 있다. 인간이 가진 에너지가 완전히 소진되어 인간 능력의 한계 상황에 이르게 되는 구간인데, 레이스를 하면서 가장 지치고 고통스럽고 힘든 이 구간을 '마의 구간'이라고 한다. 그 '마의 구간'을 포기하지 않고 이겨낸다면 마라톤은 완주할 수 있다. 그대들도 인생을 살면서 많은 '마의 구간'을 경험하게 될 것이다."

이런 내용의 주례사였다. 그런데 내게는 그 '마의 구간'이란 말이 매우 인상적으로 들렸다. 나로선 처음 들어보는 말이었다.

그런 얼마 후 TV 방송 프로그램에서 마라톤에 대해 얘기하던 사람들이 또 그 '마의 구간'이란 것을 얘기하였다. 마라토너들이 코스를 달리는 도중에 경험하게 되는 가장 고통스러운 구간인데 대략 30Km 지점부터 7-8Km 사이의 구간이라고 한다. 이 '마의 구간'이 얼마나 고통스러운지 '죽어버리고 싶었다' '가슴이 찢어질 것 같은 공포를 느꼈다' '세상에 태어나서 그런 고통은 처음이다' 등등 살벌하기 그지없는 얘기들이 쏟아졌다.

바르셀로나 올림픽 마라톤에서 금메달을 딴 황영조 선수가 언젠가 인터뷰에서 달리는 차에 뛰어들어 죽어버리고 싶은 유혹을 여러번이나 가까스로 참았다고 말한 것도 기억이 났다.

나는 슬그머니 호기심이 발동했다. 살아오면서 이렇게 저렇게 힘든 일들을 겪을 만큼 겪어온 나였는데, 세상에 그렇게 '힘든 것'이 있다는 사실을 처음 알게 되었다. 세상에 그렇게 힘든 일이 있는데 그걸 경험하지 못하고 죽게 되면 뭔가 세상을 편하고 가볍게 살다 가는 것이 될 것만 같은 느낌이 들었다. 나는 그 '마의 구간'이란 것이 얼마나 힘든 것인지 꼭 한번 경험해보고 싶어졌다.

그렇다면 지금 당장부터라도 서둘러야 될 일이었다. 그렇게 힘든 것이니 나이가 들면 더 힘들어

질거라고 생각했다.

그때부터 나는 경험이 있는 사람들에게 마라톤에 대한 요령을 들어 익히면서 달리기 연습을 하였다. 그리고 먼저 하프마라톤에 도전해보았다.

힘들었지만 하프마라톤은 해볼만했다. 달리는 동안 '마의 구간'을 경험하지 못하였기 때문이다. 나는 용기를 내어 마라톤 풀 코스 완주에 도전장을 던졌다. 중앙일보와 대한육상경기연맹에서 주최하는 마라톤 경기로, 잠실종합운동장에서 출발해 성남과 분당을 거치는 코스였다.

그런데 출전을 얼마 앞두고 갑자기 허리를 다쳐 통증이 가시지 않았다. 그리고 시일마저 촉박해 충분히 준비를 하지 못한 터였다.

사정을 아는 아내는 이번은 포기하고 다음 기회에 도전하라고 말했다. 하지만 나에겐 포기할래야 포기할 수 없는 사정이 있었다. 내가 총 회장을 맡고 있는 ROTC 16기 홈페이지에 이미 나의 마라톤 출전 사실이 공지되어 수많은 응원과 격려의 글이 올라온 뒤였던 것이다. 회원 수만 해도 4천 명이나 되는 동기들이다.

아무튼 포기할 수도 없고 그렇다고 뛰기도 어려운 애매한 상태에서 나는 경기 당일 마라톤 출발 선상에 섰다.

사정이 그러하니 달리다 포기를 하는 한이 있더라도 출전은 해야 하는 처지였다. 내 마음가짐도 그랬다. 살살 한번 달려보자. 하는 데까지 해 보는 거지 뭐... 가벼운 마음으로 출발선에 섰다.

그런데 다행스럽게도 달리기를 하며 조금씩 몸에서 땀이 나기 시작하자 기적처럼 아픈 허리가 풀렸다. 나는 용기를 내어 달리는 일에 집중했다.

젊음에게 들려주고 싶은
창업은 용기다
/ 에필로그

처음엔 자원봉사자인 페이스메이커와 함께 달렸다. 그 다음에는 70대의 할아버지와 함께 달리기 시작했는데, 이분은 마라톤 완주 경험이 많은 베테랑 마라토너였다. 함께 페이스를 맞춰 달리면서 나는 노인으로부터 이런저런 조언을 들었다.

하프 구간까지는 큰 어려움이 없었다. 하프 지점을 지나면서 점점 몸이 무거워지기 시작했다. 그러나 아직은 견딜만했다.

하지만 27-28Km를 지나면서 다리에 마비 같은 느낌이 오기 시작했다. 몸이 천근의 무게처럼 느껴지면서 한 발자국을 내딛는 데에도 끔찍한 고통이 찾아왔다.

'아, 이것이 바로 '마의 구간'이구나. 이제부터 더 힘을 내서 견디자…'
내가 이렇게 생각했었을까? 나는 그런 생각마저 할 겨를이 없이 오로지 그저 주저앉아 쉬고 싶은 마음뿐이었다.

노인이 조언을 했다.
"견디세요. 걸어서 가더라도 완주해야 합니다. 여기서 포기하면 당신은 앞으로 절대 완주하지 못할 겁니다."

걷는 것조차도 끔찍한 고통이었다. 온몸의 근육이 갈라지고 찢어지는 듯 한 엄청난 고통이었다. 하지만 나는 달렸다.

고통스러운 것은 이따금 곁을 지나가는 낙오자를 태운 버스였다. 그 버스가 다름 아닌 천국이요 극락같이 느껴졌다.

이게 대체 뭐 하는 짓인가? 내가 왜 이렇게 금방 숨이 넘어갈 것만 같은 고통을 참으면서 달려야 한단 말인가? 누가 상을 주는 것도 아닌데. 저 버스에 올라타기만 하면 당장 이 고통은 끝이 날 텐데. 내가 저 버스를 타지 못할 이유가 대체 뭐란 말인가?……

그럼에도 나는 달리고 또 달렸다. 낙오자 버스가 지나가면 발길이 저절로 그쪽을 향했다.

말로 표현하기 어려운, 견디기 힘든 고통의 시간이 영원할 것처럼 계속되었다.

그러던 어느 순간이었다. 그토록 격심하던 고통이 조금씩 사라지면서 몸이 가벼워지기 시작했다. 고통이 현저하게 줄어들면서 달리는 일이 그다지 힘이 들지 않았다. 오히려 마음 속에 내가 드디어 해냈구나 하는 희열이 찾아왔다.

이것이 바로 사람들이 말하는 '러너스 하이'[Runner's High]란 것이구나 하는 생각이 들었다. 러너스 하이는 긴 시간 운동을 반복했을 때 운동하는 사람이 느끼게 되는 행복한 도취감을 말하는데, 이때는 마약성분과 구조가 비슷한 오피오이드 펩티드(opioid peptide)가 몸에서 분비되면서 그런 기분상태와 비슷한 행복감을 느끼게 된다고 한다.

완주하고 났을 때 내가 느꼈던 흥분과 환희를 새삼 여기에다 적지는 않겠다. 내가 마침내 마라톤 풀 코스를 완주하였던 것이다.

그 후 기쁨의 여운이 어느 정도 가시자 나는 '마의 구간'에 대해 생각했다. 달리는 도중 분명히 금방이라도 죽을 것만 같이 고통스럽고 공포스럽던 구간이 있었다. 완주를 하지 못하는 사람들은 대개 이 구간에서 포기를 한다고 한다.

나는 그 고통의 정체에 대해 생각하기 시작했다. 그 구간에서 특별히 마라토너를 힘들게 하는 고통은 무엇일까...

젊음에게 들려주고 싶은
창업은 용기다
/ 에필로그 /

그리고 깨달았다. 마라토너들이 겪는 '마의 구간'의 고통이란 곧 육체의 고통이 아니라 휴식에의 유혹이란 사실을.

그 구간을 달리면서 내가 가장 힘들었던 것은 몸이 아니라 낙오자들을 태운 버스였다. 바로 저곳에 이 고통을 일시에 씻어줄 안식과 평화가 기다리고 있는데 내가 왜 이 고통을 참아가며 달려야 하나… 낙오자 버스가 지나갈 때마다 내 발이 저절로 버스를 향해 달려가던 것을 경험했다.

고통에서 벗어날 수 있다는 유혹, 휴식을 주리라는 유혹, 평안을 주리라는 유혹, 이 유혹을 견디는 일이야말로 '마의 구간'에서 내가 겪은 가장 강렬한 고통이 아니었을까?

마라톤 풀코스를 완주하고 나서 나는 인생을 마라톤에 비유한 사람의 예지를 새삼 깨달았다. 인생은 또한 '유혹을 견디는 것'이다. 편하려는 유혹, 쉬고 싶은 유혹, 포기하고 싶은 유혹… 이 모든 유혹을 견디고 인내해온 사람만이 인생이라는 긴 마라톤을 완주하고 월계관을 그 상으로 받을 수 있다는 사실을.

나는 이제 환갑을 넘어선 나이가 되었다. 그러니까 한 갑자란 인생의 마라톤을 쉼 없이 달리고 달려서 오늘에 이른 것이다. 살아오면서 나도 여느 사람들처럼 때때로 유혹에 넘어가기도 하면서 이 짧지 않은 세월을 살았다. 하지만 그래도 내 인생을 망치거나 큰 오점을 남기는 일은 없이 살아왔으니 인생의 커다란 유혹에는 내 자신을 잘 지키며 살아온 듯하다.

서문에서도 밝혔듯이 지난 세월을 나는 KR과 함께 하였고, KR은 나의 분신, 어쩌면 나 자신이기도 하였다. 하지만 KR은 나의 간절한 바람과는 달리 역사 속으로 사라졌다. 그리고 이제는 그를 그리워하는 사람들의 가슴 속에, 그리고 이렇게 나의 기록으로만 남게 되었다.

내가 이 책을 집필하게 된 동기도 창업을 꿈꾸는 이 땅의 젊은이들에게 희망과 도전의 메시지를

젊음에게 들려주고 싶은
창업은 용기다
/ 에필로그 /

전하기 위함이었지만 또한 일부분은 나와 함께 했고, 나 자신이기도 했던 KR에 대한 기억을 남기고 싶은 까닭이 있었다.

나는 이제 새로운 출발선에 섰다. 앞으로 시작될 나의 새로운 마라톤, 인생2막이 무척 기대가 된다. 나를 사랑하고 내가 사랑하는 사람들과 더불어 서로 힘과 용기를 북돋워주며 기나긴 마라톤 코스를 달릴 것이다. 그리고 마침내는 완주라는 승리의 월계관을 함께 받게 될 것이다.

사랑하는 모든 이들과의 행복한 완주를 기대한다.

함께 한 사람들이 기억하는
그, 김기중

젊음에게 들려주고 싶은
창업은 용기다
/ 함께 한 사람들이 기억하는 그, 김기중 /

/

"김기중 회장은 위대한 CEO의 장점을 지닌 사람이다."

/

"강하게 치고 나가는 승부사였지만 아랫사람들에게는 늘 따뜻하고 온화한 사람"
이종흥 (주)KENC 대표
"나랑 같이 일해 봅시다."
그의 제의에 나는 선뜻 대답하지 못했다. 누구인들 그러지 않았으랴.

그때 그는 아직 자기만의 사무실도 갖지 못한 채 형의 사무실에서 더부살이를 하고 있던 때였으니. 하지만 그는 당당하고 자신만만했다.

그는 나에게 입사를 권하며 나의 친한 친구들이 무엇을 하고 있는 지 물었다.
"나와 일한다면, 지금 당장은 당신이 그들보다 못하지만 5년이 지난 후에는 비슷하게 될 것이오. 그리고 10년이 지난 후에는 당신이 그 친구들보다 훨씬 나은 위치에 서 있게 될 것이오. 날 한번 믿어보시오."

묘하게도 그의 그 말이 어떤 웅변보다도 강하게 내 마음을 움직였다. 어쩐 일인지 그의 말이 사실

젊음에게 들려주고 싶은
창업은 용기다
/ 함께 한 사람들이 기억하는 그, 김기중 /

일 것 같은 생각이 들었다. 그렇게 나는 그의 회사 1호 직원이 됐다.

그에게는 다른 사람을 설득하는 묘한 힘이 있었다. 설득의 힘은 탁월한 언어 구사를 통해서가 아니라 태도로 보여주는 진심이란 것을 그를 통해 알게 되었다.

직원이래 봐야 그와 나 단 둘뿐인 회사였지만 우리는 열심히 일했다. 나사 몇 개, 걸레 자루 하나라도 찾는 사람이 있으면 우리는 씽씽 신나게 달려갔다.

첫 한두 해는 그렇게 잡자재를 시장에서 구매해 현장에 납품하는 일을 하며 보냈다. 그 가운데에는 강원도 영월 삼양사 건설 공사에 700만 원에 상당하는 교량 신축이음장치를 납품하는 큰 성과도 있었다.

우리의 첫 공사였던 동아건설의 대구공항 복개천 공사. 공사 수주에서부터 준공까지 잠시도

젊음에게 들려주고 싶은
창업은 용기다
/ 함께 한 사람들이 기억하는 그, 김기중 /

마음을 놓을 수 없었던 전쟁과 같았던 시간을 보내면서 우리는 조금씩 건설 현장 일에 적응해 갔다.
3년간의 시화공단 교량난간 제작, 카라치-이스탄불 교량공사, 국내 최초 KS 제품 출시. 이렇게 그와 나는 꿈을 현실로 만들어갔고 현실을 기적으로 채워갔다.

그와 나는 시쳇말로 '환상의 콤비'였다. 그가 전략을 세우면 내가 앞서 나가서 성사시켰다. 분당. 평촌. 일산 신도시 교량공사에서 대전 엑스포 전시장까지 89년 초반부터 90년대 중반에 걸쳐 KR은 국내 교량 건설을 거의 독점하다시피 했다. 국내 1, 2위를 다투는 택지 개발 사업의 교량 난간, 신축이음장치, 교좌장치 또한 95% 이상 우리가 독점했다.

이러한 성과를 바탕으로 KR은 전문기술기업으로서의 위치를 확고히 했다.

옆에서 지켜본 김기중 회장은 참으로 뛰어난 전략가였다. 납품이든 공사든 목표로 삼은 대상에 대해 먼저 지나칠 정도로 치밀하게 연구했다. 그리고는 한 가지가 아닌 다수의 전략을 짠 후 그 중 가장 적합하고 실패 가능성이 낮은 전략으로 상대를 공략해 들어갔다.

기업이 성장일로에 있을 때도 늘 위험요소를 체크했으며 모험적, 공격적 전략의 배후에는 철저한 위험대비책을 미리 세워두곤 했다.

회사 초기 직원이 나 하나이던 시절부터 그는 나에게 하루도 거르지 말고 업무 일지를 쓸 것을 지시했다. 처음엔 둘만 있는데 굳이 이렇게 번거로운 일을 해야 하나 불만이 없지 않았다. 그런데 그 업무일지가 곧 자신을 관리하는 방법이 되어주고 있음을 나는 깨달았다. 그가 늘 메모를 하고 틈틈이 독서를 하는 것도 또한 자기 관리의 한 모습임을 알게 되었다.

그는 어떤 일이 일어나고 난 후에 벌어질 다음 일을 예측해내는 예지력이 매우 뛰어났다. 그래

젊음에게 들려주고 싶은
창업은 용기다
/ 함께 한 사람들이 기억하는 그, 김기중 /

서 그는 상대의 수보다 늘 몇 수는 앞서나가고 있었고, KR의 놀라운 성공은 그의 그러한 예지력에 힘입은 바 컸다.

그는 남들이 뒤쫓아오면 더 강하게 치고 나가는 승부사였지만 아랫사람들에게는 늘 따뜻하고 온화한 사람이었다. 상대를 기분 나쁘지 않게 굴복시키고 스스로 따르게 만드는 것, 이것이 그의 용병술이었다.

그는 아랫사람에게 많은 권한을 줘 스스로 판단하여 일을 진행시킬 수 있도록 했으며 그 과정에서 실수가 있다 해도 크게 질책하지 않았다.

당연하게도 그런 그에 대한 직원들의 신뢰와 존경은 대단해서 그를 진심으로 믿고 따랐다. 다른 회사 사람들이 KR을 보고 마치 '종교집단' 같다고 말한 것은 그런 이유 때문이었다.

그는 또 인내심이 대단히 강한 사람이었다. 그런 강한 인내심이 위기에서도 그를 흔들리지 않는 바위처럼 굳건하게 버틸 수 있게 한 동력이었을 것이다. 그는 위기에서 더욱 강한 힘을 발휘해 위기를 기회로 만들어 버리곤 했는데, IMF 사태 때 회사가 더욱 성장할 수 있었던 것이 그 예라 할 것이다.

무엇보다 경영인으로서 가장 큰 장점은 그의 경영 철학이기도 한 '도덕 경영'이 아닐까 생각한다.

당시 건설업계는 음성적으로 적지 않은 돈이 오가는 이른바 '언더 차지'가 관행처럼 공공연하게 있었다. 김 회장은 우직할 정도로 이러한 관행에 대해 거부감을 보였다. 그의 지론은 '진짜 좋은 제품을 개발해서 떳떳하게 영업하자'였다. 그가 좋은 제품을 만들기 위한 기술 개발에 그렇게 전력을 다한 것은 그런 이유가 있었기 때문이기도 했다.

그런 그의 경영철학은 곧 KR 직원들의 자부심의 원천이 되어 주었다. 누구보다 도덕적인 리더의 지휘아래 도덕적인 기업에서 일한다는 자신감은 우리가 KR에서 일하는 동안 느꼈던 자부심의 가장 큰 이유였다.

그는 값어치 없는 일에는 1원도 안 썼지만 직원들에게는 대단히 인정 많은 후한 사람이었다. 내가 결혼을 한 뒤 간신히 조그만 집을 장만해 이사를 갔는데, 그가 그 작은 부엌에서는 쓸 수 없는, 당시 최고 고가의 가스레인지를 사 들고 와서 난감했던 적이 있었다. 자신의 직원에게 제일 좋은 것을 주고 싶어했던 그의 마음이 드러났던 일이었다.

상장 후 그는 회사 전체 지분의 54%만 소유하고 나머지는 모두 직원들에게 우리 사주 형식으로 무상으로 나눠주었다. 또한 회사를 매각한 다음에도 상당한 금액을 당시 남아있던 장기근속 직원들에게 나눠주었다.

직원들 중에서도 회장의 인정과 배려를 가장 많이 받고 경험한 사람이 아마 나일 것이다.
나는 그의 배려로 KR과 동일한 아이템을 가지고 핵심 인력을 데리고 나와 창업할 수 있었다.

그는 회사를 매각한 후 나를 KR의 경영인으로 추천했다. 인수자가 찾아와 그 사실을 전하며 경영인으로 일해 달라고 6시간 동안이나 나를 설득했다. 하지만 나는 거절했다. 나는 그가 없는 KR을 생각할 수 없었고, 그 없이 KR을 잘 경영해낼 자신이 없었다. 그만큼 그는 큰 그늘을 가진 든든한 나무 같은 사람이었다.

넓은 그늘을 드리운 거목 같은 그와 함께 신이 나서 일을 하던 시절이 그리울 때가 많다.

젊음에게 들려주고 싶은
창업은 용기다
/ 함께 한 사람들이 기억하는 그, 김기중 /

"차를 팔러 온 사람을 붙잡아놓고 같이 일해 볼 생각이 없냐니…"
유문식 (주)브리텍 대표

사람의 체구와는 상관없이 어딘지 그릇이 크게 느껴지는 사람이 있다. 내가 처음 본 김기중 회장의 인상이 그러했다.

그를 처음 만난 것은 대치동의 비좁은 그의 사무실. 당시 김 회장의 고려산업은 그의 형님이 운영하는 작은 사업체의 한 켠을 빌려 쓰고 있는 형편이었다. 누군가의 소개로 나는 가방에 자동차 팜플렛을 잔뜩 넣고 그의 사무실을 방문했다. 당시 나는 자동차 세일즈맨으로 일하고 있었다.

응접 테이블에 그와 마주 앉아 자동차에 관해 이런저런 대화를 나누던 중 그가 대뜸 나에게 대학 전공이 뭐냐고 물었다. 나는 토목공학이라고 대답했다.

그러자 그는 자신이 하고 있는 사업과 앞으로의 사업 비전에 대해 열정적으로 말하기 시작했다. 그러면서 자신과 함께 일해 보지 않겠느냐는 뜻밖의 말을 했다.

다소 황당한 일이 아닐 수 없었다. 차를 팔러 온 사람을 붙잡아놓고 같이 일해 볼 생각이 없느냐니…

그런데 나는 그런 그가 어딘지 믿음직스러웠다. 그릇이 큰 사람이라고 느낀 것이 아마 그때였을 것이다. 보통 사람들과는 사물을 조금 다른 시각으로 보는 사람, 꿈이 큰 사람, 의지가 강해 보이는 사람, 어딘지 든든한 사람.

내가 본 김 회장의 첫인상은 대략 그러했다. 하지만 아무런 고민 없이 그의 제안을 덥석 받아들이기에는 너무 갑작스러웠다.

하지만 거절할 수도 없었다. 아니 거절하고 싶지 않았다. 다음날부터 출근하기로 그와 약속했지만 나는 다니던 회사에도 함께 출근했다. 말하자면 이른바 투 잡을 뛴 것이다. 그 즈음은 나 자신도 무언가 변화를 모색해보고 있던 참이었다.

그가 제시한 월급은 자동차 영업을 하면서 버는 수입의 70% 정도에도 미치지 못했다. 하지만 나는 한 달 후 자동차 영업사원 일을 그만두고 고려산업의 직원이 되었다.

그로부터 참으로 신나게 일했다. 회사 초창기 업무는 공사 현장을 찾아 다니며 이런저런 자재를 납품하는 것이었다. 직원이라야 서너 명이 전부일 때였다. 허리춤에 삐삐를 차고 우리는 전국을 뛰어다녔다. 서울, 마산, 진주… 하루 1천800킬로미터를 뛴 적도 있었다. 도로공사가 도로가 없는 곳에 길을 내는 공사이기 때문에 현장이 대부분 산속이거나 교통이 아주 불편한 곳이었다. 그런 현장을 우리는 구두가 닳도록 뛰어다녔다.

그도 우리와 함께 뛰었다. 이를테면 그는 야전사령관이었고 우리는 병사였다. 산속의 현장에서 삐삐가 터지지 않아 서로 연락이 안돼 속을 태운 적도 여러 번이었다. 현장에서 필요로 하는 물건이란 종류는 다양하지만 양은 많지 않은 경우가 대부분이었다.

건설공사 영업을 하는 중에도 우리는 양복을 입고 구두를 신었다. 복장은 자신의 일과 회사에 대한 자부심이라는 김 회장의 지론 때문이었다.

그는 지독한 일 벌레였는데 그런 점이 나와는 잘 맞았다. 나는 그와 일하는 것이 즐거웠다. 집보다 직장이 더 좋았다고 하면 사람들이 믿지 않을지 모르지만 사실이 그랬다. 무엇보다 성취감이 대단했기 때문이었다. 그는 직원에게 그런 성취감을 안겨줄 줄 아는 리더였다.

회사 이름이 고려산업에서 KR로 바뀐 뒤에도 아직 우리에게는 독자 아이템이 없었다. 나는 우

젊음에게 들려주고 싶은
창업은 용기다
/ 함께 한 사람들이 기억하는 그, 김기중 /

리 브랜드의 제품을 팔고 싶었다.

하루는 다리공사 현장을 지켜보니 인부들은 날마다 죽어라 일해도 임금이 얼마 되지 않는데 반해, 어떤 사람은 단 몇 시간만 일을 봐주고 더 많은 돈을 가져가는 것 이었다. 그때 한 가지 깨달음이 왔다. 아, 건설분야에도 전문 분야가 따로 있고 전문기술이란 것이 따로 있구나!

나는 김 회장에게 나의 생각을 말했다. 우리의 독자적인 기술을 가지고 생산한 우리의 제품을 팔자. 김 회장은 이미 나보다 먼저 그 부분에 대한 고민을 하고 있었다. 그가 복사 제본된 일본 잡지 [교량과 기초]를 보여주었다.

그리고 몇 차례 일본을 다녀오면서 일본 특허를 조사해 제본해 놓은 5권의 책을 나에게 주었다. 그는 이미 해외 특허도 조사해두고 있었던 것이다. 건설분야가 진입장벽이 높은 분야이긴 하지만 기술이 있으면 후발주자라도 성공 가능성이 있다고 그는 판단했던 것이다.

대학생들을 상대로 공모전을 하고 일본 특허를 참고하면서 우리는 우리의 독자적인 디자인 제품을 개발하려 안간힘을 썼다. KR이 업계에 이름을 알리기 시작한 것은 대전 엑스포를 통해서였다.

당시 엑스포가 열리는 곳인 유성구 둔천지구에는 5개의 교량이 있었는데 오명 엑스포위원장은 다리의 평범한 디자인이 마음에 들지 않아 새로운 디자인의 교량을 찾던 중이었다. 마침 KR이 제안한 교량 디자인이 그의 마음을 끌게 되었고 무명 기업인 KR이 대전 엑스포 교량 공사를 수주할 수 있게 된 것이다.

이후 우리는 특허 등록된 디자인을 무기로 분당과 일산 등 신도시의 교량을 거의 독점적으로 수주하기 시작하며, 디자인은 KR이란 인식을 업계에 심었다.

당시 경쟁업체들은 교량 부품을 대부분 영국에서 수입해 쓰고 있었는데, KR만은 독자 기술로 자체 생산하였다. 설계는 KR이 하고, 생산은 동일고무벨트에서 했다. 이것은 중소기업이 대기업에 하청을 주고, 을이 갑을 활용하는 업계 초유의 일이었다. 이 모두가 KR이 독자적인 기술을 가지고 있었기 때문에 가능한 일이었다.

이후의 KR의 성장은 실로 눈부신 것이었다. 잡자재를 팔던 기업이 기술전문기업으로 발전하면서 상대 기업과의 경쟁에서 백전백승을 거두었다. 일년 목표를 상반기에 달성하는 일이 다반사였으며 연 성장률 100%, 200%의 성장이 이어졌다.

업계의 후발주자로 출발해 5년 만에 꼴찌에서 정상으로 성장한 KR은 지금도 동종업계에선 전설이 되고 있다.

간혹 경쟁업체들이 KR의 기술을 시샘해 고소, 고발하는 일도 있었다. 경쟁업체들이 KR 제품을 뜯어다 기준에 적합한 제품인지 실험을 했다는 소리도 들었다. 하지만 모든 제품이 규격에 맞았고 시공상의 하자도 없어 오히려 KR의 평판이 더욱 높아지는 계기가 되었다.

내가 본 김 회장은 전략의 천재였다. 그는 영업 전략을 짤 때, 1, 2안이 아니라 5개 이상의 안을 경우의 수를 따져 준비하는 사람이었다. 그로 인해 간혹 의사결정이 늦어지는 경우도 있었지만 그의 전략이 거의 실패를 몰랐던 것은 그러한 용의주도함 때문이었다.

그가 업계에서 처음으로 아웃소싱 생산시스템을 도입한 것은 그의 탁월함이 어떠했는지를 잘 보여준다. 그는 기업의 장점을 극대화하는 방법이 무엇인지, 또 그를 어떻게 활용해야 하는지를 누구보다 일찍 깨닫고 있었다.

그의 리더십은 한마디로 '가족 리더십'이라 부를 만하다. 늘 자신이 가장으로서 앞장서고 있다는

젊음에게 들려주고 싶은
창업은 용기다
/ 함께 한 사람들이 기억하는 그, 김기중 /

느낌을 직원들에게 주었으며 직원들 사이의 유대관계도 가족에 버금갈 만큼 친밀했다. 그래서 다른 업체에선 당시 KR을 두고 '종교집단 같은 회사'라고 말할 정도였다.

그는 늘 자신이 부족하다고 생각하고 또 그것을 솔직하게 말하는 사람이다. 체육교육과 출신인 그는 누구보다도 기술습득에 적극적이었다. 잘 모르는 일은 망설이지 않고 전문가를 물색해 찾아가 묻고 도움을 받았다. KR은 기업과 학계의 공동연구 형태인 '산학연'을 가장 적극적으로 실행해온 기업 가운데 하나였는데, 기술에 대한 그의 학구적인 태도가 그런 결과를 낳은 것이었다.

그렇다고 그가 자신의 사업 분야에서 전문성이 떨어지느냐 하면 결코 그렇지 않았다. 그는 '가장 유능한 사람은 부단히 배우는 사람'이라는 믿음 하에 창업 초기 잡자재에 관한 지식부터 기술전문기업으로 올라선 후에도 회사 안에서 가장 광범위한 분야에서 가장 깊은 지식을 가진 사람 가운데 하나였다.

그는 또 인적 네트워크를 잘 이용할 줄 알았다. 기술과 네트워크를 연계하는 일 또한 일종의 융합이라 생각하며 이를 적재적소에 활용했다.

그는 기술전문인력을 외부에서 데려올 것이 아니라 내부에서 자체적으로 키우겠다는 판단 하에 나에게 대학원 진학을 권했다. 그리고 93년에는 기술개발실을, 95년에는 KR기술연구소를 세워 나에게 맡겼다. 그로부터 KR기술연구소는 모든 기술연구의 산실이 되어 많은 신기술을 창조해 냈다.

그와 함께한 많은 시간 가운데 유독 기억에 남는 일이 있다.
그는 유럽의 기술에도 많은 관심을 가지고 있었는데, 나와 함께 독일의 고속철도 납품업체를 방문했다.

젊음에게 들려주고 싶은
창업은 용기다
/ 함께 한 사람들이 기억하는 그, 김기중 /

업체 방문 후, 그와 나는 자동차 한대를 렌트해서 베를린에서 뮌헨까지 400-500Km를 달리며 인근에 있는 독일기업을 하나씩 방문했다. 독일은 중소기업이 주로 지방에 소재해 있었는데, 도로 건설, 자재, 교량 기업들을 주 방문 대상으로 삼았다. 그러면서 그들의 기술에 대한 노력과 성과를 경험했다. 이는 돈으로는 결코 살 수 없는 값진 경험이 되었다.

인상적이었던 것은 스토우라는 회사였는데, 그곳 사장은 명함을 가지고 있지 않았다. 자기 회사의 제품이 곧 자신의 명함이기 때문이라고 했다.

그는 두주를 불사하는 주량을 가졌지만 절제력이 대단했다. 화가 나도 그다지 드러나지 않게 잘 억제하는 편이었다.

젊음에게 들려주고 싶은
창업은 용기다
/ 함께 한 사람들이 기억하는 그, 김기중 /

직원들이 실수를 해도 바로 야단치지 않고 스스로 판단하고 잘못을 인식하게 두고 보는 성격이었다. 누구보다 실수를 많이 한 사람이 바로 나 자신이었다. 한번은 이런 일이 있었다.

분당 신도시 교량공사 당시, 제품 규격을 잘못 보아 생산된 제품이 규격에 맞지 않았다. 이런 경우 도리 없이 제품을 다시 녹여서 새로 만드는 수밖에는 달리 방법이 없다. 그때도 그는 질책 한번 하지 않고 잠자코 지켜보기만 했다. 미안함과 죄스러움이 더욱 커질 수 밖에 없었고 다시는 그런 실수를 하지 않도록 더 조심하고 꼼꼼하게 업무에 임했음은 물론이다.

그는 또 새로운 것, 안 해 본 일을 시도하는 걸 무척 좋아하는 사람이다. 그리고 그런 과정에서의 실수에 대해서는 누구보다 너그러웠다. 그의 그런 호기심과 모험 정신으로 인해 KR이 빠른 시간 내에 기술전문기업으로 성장할 수 있었던 것이다.

나는 지금 그로부터 독립해 현재는 국내 유일의 연구개발전문기업인 '브리텍'을 운영하고 있다. 회사 운영에 그의 경영철학과 경영 노하우가 크게 반영되었음은 물론이다. 업무에서뿐 아니라 삶 전반에 대해서도 그에게 많은 영향을 받았음을 부인할 수 없다. 그는 내 인생의 좋은 선배이고 기업 경영에 있어서는 스승이다.

첫 인상 그대로 과연 그가 그릇이 큰 사람임은 그와 함께 하는 시간이 증명해 주었다.

그는 또 큰 나무이기도 하다. 나처럼 그의 아래서 일하다 독립해 기업을 경영하는 사람이 스무 명에 달한다. 그들 기업의 연매출을 합하면 500억이 넘는다. 그가 경영일선에서 물러날 때 KR의 연 매출과 거의 비슷한 수준이다. 이는 모두 그가 뿌린 씨앗에서 태어난 나무들이며 그의 그늘에서 자라난 나무들이다. 중소기업의 거목과도 같은 사람, 그가 바로 KR의 김기중 회장이었다.

"그는 회사가 어려울 때 그는 더욱 냉정해지고 강해지고 열심히 일했다."
채승우 (주)도시경관연구소 율 대표

2000년, KR에 입사하면서 김기중 회장과의 인연이 시작됐다. 당시 나는 일본에서 디자인을 공부하고 7년 정도 일본의 한 조명회사에서 근무하고 있었다.

그 즈음 한국에서 경관전문디자인을 하는 지인의 소개로 한국에서 일본의 도시경관 시설물을 견학 온 한국 기업인들의 안내를 맡게 되었는데 그들이 바로 KR의 김 회장과 임직원들이었다. 인상적인 것은 팀을 이끌고 있던 그였다. 통역을 담당하며 전문가도 아닌 그가 디자인 분야에 대해 대단히 박식하고 전문적인 지식을 가지고 있다는 사실에 나는 적잖이 놀랐다. 디자인 전문가인 나 자신조차 내심 당황스러울 정도였다.

곁에서 본 그는 카리스마가 대단했고 일정을 챙기는 모습에서 매우 꼼꼼한 그의 성격을 엿볼 수 있었다. 간혹 얼굴에 '신념'이란 글자를 새기고 다니는 사람이 있는데 그가 바로 그런 타입의 사람이었다.

그가 일정을 마치고 돌아가며, 한국에 오게 되면 꼭 한번 찾아오라는 당부를 했다. 그리고 몇 개월 뒤 공식적으로 스카우트 제의를 해왔다. 함께 일해보자는 것이었다.

당시 나는 다니던 조명회사에서 나름대로 업무능력을 평가 받고 좋은 환경에서 일을 하고 있었지만, 일본 특유의 가족 경영 방식에 일종의 벽을 느껴오던 참이었다. 이전에도 몇 번 회사를 그만두고 귀국하려 했지만 사장과 그 부인의 간곡한 청으로 주저앉은 적이 있었다.

나는 시설물 견학 당시의 김 회장을 떠올렸고, 충분히 나 자신을 믿고 맡길 만한 신뢰가 가는 인물이란 판단을 내렸다. 그리고 다니던 직장에 사표를 쓰고 귀국했다. 그를 처음 만난 지 불과 3, 4개월 만의 일이었다.

젊음에게 들려주고 싶은
창업은 용기다
/ 함께 한 사람들이 기억하는 그, 김기중 /

환율 탓도 있지만 일본에서의 내 월급은 상당히 높은 편이었다. 당연히 KR에서의 보수는 그보다 적었지만, 동종 업계에 비하면 좋은 편이었다.

KR에서 나는 시설물 디자인의 총괄 업무를 담당했다. 하지만 조명 전문가인 나는 도시경관 디자인 전반에 대해서는 그리 지식이 풍부한 편이 아니었다. 교량 디자인 등 업무를 파악하는 데만도 3년이란 시간이 걸렸다.

도시 경관 계획도 업무 중의 중요한 부분이었는데, 도시 경관 계획이란 디자인의 상위 개념으로 도시의 스카이라인, 도로 배치, 동선 등을 포괄하는 것이다. 경관 계획의 한 분야, 디테일이 곧 디자인이다.

내가 귀국하고 1년 후, 그 동안 자회사 형식으로 도시 디자인 업무를 진행해오던 '이레 환경연구소'를 완전히 합병하면서 KR은 도시경관 분야에 본격적으로 진출했다. 내가 초대 소장 직을 맡았다. 이레 환경연구소는 국내에서 산업디자인전문회사 1호로 등록된 회사였다. 이후 독립법인화 시켜 회사명을 LEL코리아로 바꾸었다.

연구소는 이후 두 차례에 걸쳐 한국토목학회와 공동으로 대규모 세미나를 개최하는 등 도시경관디자인의 사회적 인식제고에 노력을 기울였다.

또한 연구소는 2003년 한강상 교량 조형 교명주 공모전 당선, 울산시 교육청사 경관조명 공사 공모전 당선, 가로환경디자인 개성표준 디자인 및 시범가로 설계 공모전 당선, 그리고 2004년 킨텍스 거리환경 디자인 공모 당선 등 많은 성과를 냈다.

내가 가까이서 본 김기중 회장은 한 마디로 사업의 귀재였다. 그는 내가 만나 본 최고의 CEO였다. 기업전략과 추진력, 관리 능력 등 거의 대부분의 면에서 뛰어난 능력을 보인, 중소기업계에

젊음에게 들려주고 싶은
창업은 용기다
/ 함께 한 사람들이 기억하는 그, 김기중 /

서는 쉽게 찾아볼 수 없는 뛰어난 사람이었다. 그에게 계속 기회가 주어졌으면, 그리고 훌륭한 인재들이 그를 보필할 수만 있었다면 KR을 몇 천 억 규모의 기업으로 충분히 키울 수 있는 능력을 갖춘 사람이었다.

문제는 인재의 부족이었다. 중소기업일 때는 직원들이 똘똘 뭉쳐 이 일 저 일을 도맡아 구별 없이 해냈지만 사업의 규모가 커지면 불가피하게 업무분야가 분화되고 그 분야에 전문적인 지식을 가진 사람이 그 일을 담당해야 한다.

하지만 KR은 안타깝게도 너무 빠른 기업의 성장으로 내부 인력을 충분히 키울 여유를 갖지 못했다. 설사 맞춤 한 인재가 외부에서 수혈된다 하더라도 여전히 중소기업 마인드를 가진 기존 인력과의 화합이 문제가 되었다.

그렇지만 그 개인, 김기중 회장의 능력은 이견의 여지없이 탁월했다. 이는 모두가 인정하는 사실이다. 그는 중소기업계에서는 보기 힘든 경영능력을 가진 사람이었다. 사람들이 그를 두고 "KR은 중소기업계의 삼성전자이며, 김기중 회장은 중소기업계의 이건희"라고 한 말은 결코 과장된 말이 아니다.

그의 아래에서 좀더 능력 있는 사람들이 힘을 보태주었으면, 그래서 그가 좀더 사업에 매진할 수 있었으면 그와 회사뿐 아니라 국가 경제를 위해서도 좋았을 텐데 하는 아쉬움이 늘 남는다.

업계에서 KR이 가진 기술이나 제품들은 거의 모두 최초였다. 그만큼 그는 앞서나갔다.

회사 전산 관리 시스템인 ERP(전사적 자원관리)만해도 그랬다. 기업 외형이 커지면서 생산, 관리해야 할 제품 수가 굉장히 많아졌다. 그러자 그는 도입 비용만 20억 이상 드는 컴퓨터 전산화 시스템을 과감히 도입해 KR에 적용했다.

젊음에게 들려주고 싶은
창업은 용기다
/ 함께 한 사람들이 기억하는 그, 김기중 /

당연히 시행착오도 적지 않았고, 새 시스템에 익숙하지 않은 직원들의 불만도 있었지만 그는 신념을 가지고 전산화를 추진해 결국 시스템을 안정화시켰다. 당시는 대기업도 전산화 시스템을 막 도입하던 시기였는데 하물며 중소기업은 엄두도 내지 못할 때였다. 그가 얼마나 탁월한 안목과 강한 신념을 가진 사람인지를 잘 보여주는 일이다.

KR의 회사 관리 시스템 또한 대단히 탁월했다. 나는 2005년 사업을 독립하면서 KR의 회사 관리 시스템을 거의 그대로 가져다 썼다. 그 이후 새삼스럽게 몇 번이나 이 시스템이 얼마나 선진적이었고 탁월한 '작품'인가를 경험하며 놀랐다.

김기중 회장은 위대한 CEO의 장점을 지닌 사람이다.

그는 위기에 더욱 강해지는 특성을 지녔다. 회사가 어려울 때 그는 더욱 냉정해지고 강해지고 열심히 일했다. 그러면서 곧 탁월한 해법을 찾아내 위기를 오히려 기회로 만들어 버린다. 그의 곁에서 나는 그 놀라운 일을 몇 차례나 경험했다. IMF 사태로 온 나라가 어려움에 처했을 때도 이를 전화위복의 기회로 삼아 오히려 기업을 성장시켜 이듬해 코스닥에 상장시키는 놀라운 일을 해냈다.

그는 메모 광이기도 하다. 수첩을 늘 품에 가지고 다니면서 수시로 메모하곤 했는데 이것이 그를 전략의 귀재로 만든 창의성의 원천이었을 것으로 나는 짐작한다.

개인의 입장에서 보면 개인의 비전이 기업의 비전보다 중요하다. 그는 직원 한 사람 한 사람에게 많은 정을 베풀며 그들이 개인적인 비전을 가질 수 있도록 자극을 주었다.

그런 비전을 가진 사람들이 지금 곳곳에서 자신의 꿈을 키워나가고 있다. 나도 그들 가운데 한 사람이다.

젊음에게 들려주고 싶은
창업은 용기다
/ 함께 한 사람들이 기억하는 그, 김기중 /

나에게는 그가 은인이라고 말해도 결코 과하지 않을 정도로 나는 그에게 큰 은혜를 입었다. 그와 함께 하면서 받은 가르침과 도움이 지금 내 사업에 큰 힘이 되고 있다. KR의 일원이었다가 독립해 자기 사업을 하는 20여 명의 사람들도 대개 나 같은 마음일 것이다.

감사의 글

젊음에게 들려주고 싶은
창업은 용기다
/ 감사의 글 /

/

"신의 도움 없이 성공한 사람은 하나도 없다고 하였습니다.
하지만 또한 사람의 도움 없이는 성공은 고사하고
온전한 사람이 되기도 불가능한 일일 것입니다."

/

올해 저는 이순耳順의 나이를 넘기고 있습니다. 그 세월 동안 'KR'을 창업하고 경영한 일 말고는 별달리 한 일이 없으니, 'KR'은 제 삶의 전부라고 해도 크게 과장된 말은 아닐 듯합니다.

'KR'을 창업하고 CEO가 되어 경영하였다고 하였지만, 어찌 보면 'KR'과 저는 함께 태어나고 함께 성장하고 함께 변화해 갔다는 생각이 듭니다. 뜨거웠지만 신중하지 못하고, 저돌적이었지만 분별력이 부족하고, 도전적이었지만 뒷심이 약했던 젊은 시절의 저를 온전한 인간, 성실한 기업인으로 만들어 간 것이 바로 'KR'이 아닌가 생각합니다 'KR'을 경영하면서 저란 인간은 더욱 성실해졌고 강인해졌고 지혜로워졌습니다. 그런 점에서 'KR'은 저에게 사업의 장이자 저를 가르치고 성장시킨 학습의 장이었고, 인간 수련의 장이었습니다.

옛말에 신의 도움 없이 성공한 사람은 하나도 없다고 하였습니다. 하지만 또한 사람의 도움 없이는 성공은 고사하고 온전한 사람이 되기도 불가능한 일일 것입니다.

젊음에게 들려주고 싶은
창업은 용기다
/ 감사의 글 /

책을 집필하는 동안 지난 일을 세세히 떠올리면서 새삼 깨달은 사실은 너무나 많은 사람들의 사랑과 도움을 받았다는 것이었습니다. 특히 함께 힘과 뜻을 모아 회사를 이끌어나갔던 'KR'의 직원들, 뛰어난 능력과 훌륭한 인간적 자질을 갖춘 그들이 있었기에 지금의 저도 'KR'도 있었음을 누구도 부인하지 못할 것입니다. 'KR'의 진정한 주인이었던 그들에게 회고의 자리를 빌어 고개 숙여 감사 드립니다.

무엇보다 가장 큰 감사는 사랑하는 나의 가족, 아내와 두 딸아이의 몫이 되어야 할 것 같습니다. 그들의 사랑과 응원이 없었다면 이 책의 한 글자도 온전히 쓰여질 수 없었을 것입니다. 늘 바깥일로 분망했던 나를 한결같은 마음으로 지켜 보아준 가족에게 큰 사랑과 감사를 전합니다.

끝으로 이번 책이 그 모양을 갖추도록 개인적인 조력을 아끼지 않은 신남철후배와 그 부인 이정화님에게도 깊은 감사를 전합니다.

젊음에게 들려주고 싶은

창업은 용기다

제1판 1쇄발행 | 2016년 11월 8일
지은이 | 김기중
발행인 | 신남철
발행처 | 움트(UMT)
편집인 | 신남철, 이정화
교정인 | 차연정, 권문정, 이혜림
디자인 | 김준영, 정은이
등록 | 제25100-2013-000044호(2013년 7월 30일)
주소 | 서울시 구로구 디지털로 31길 19 에이스테크노타워2차 704호
전화 | 070-4818-8500
팩스 | 02-6442-8528
홈페이지 | http://www.e-umt.com
ISBN | 979-11-956060-3-0